HandSumbook

통기초 프랑스어 생활회화

김별 지음

정진출판사

이 책의 구성

프랑스어는 프랑스 외에도 다양한 대륙에서 모국어 또는 필수 외국어로 쓰이고, 유럽연합(EU)에서 공식 언어로 채택되어 사용하는 만큼 경쟁력 있는 외국어입니다.

프랑스어 발음은 우리나라에 없는 발음이 많은데, 이것을 한글 발음 표기로 나타낼 때 본토 발음과 상이할 수 있는 외래어 표기법을 따르기보다는 프랑스인의 발음을 보다 잘 알아들을 수 있는 한글로 표기하였습니다. 한글로 표기된 발음은 참고로만 활용하시고, 정확한 발음은 프랑스 현지인이 녹음한 것을 들으면서 연습하시기 바랍니다.

이 책의 구성과 특징을 살펴보면 다음과 같습니다.

- 포켓북 사이즈로 만들어 항상 가볍게 휴대하며 학습할 수 있습니다. 또한 원어민이 녹음한 본문 전체의 mp3 파일을 내려받아 자유롭게 학습에 활용할 수 있습니다.
- 전체적으로 기본적인 회화에서 상황에 따른 적절한 표현들로 내용을 구성하여 쉽게 원하는 표현을 찾으며 학습할 수 있습니다.
- 본문의 주요표현은 이해하기 쉬운 간단한 대화 형식으로 구성하여 학습 효과를 높일 수 있으며, 각 장의 뒤에는 단어의 응용과 어휘력 향상을 위해 본문의 주제와 관련된 단어를 따로 실었습니다.
- 원어민 발음에 가까운 한글 발음을 표기하여 프랑스어를 처음 접하는 학습자들도 쉽게 익힐 수 있습니다.

목 차

제3장 의견 · 감정 · 관심

제4장 일상생활

제7장 쇼핑 · 식사

제8장 교통

제9장 관광

제10장 위급상황

부록

인사와 소개

1장

1. 인사
2. 처음 만났을 때
3. 오랜만에 만났을 때
4. 안부를 물을 때
5. 헤어질 때
6. 누구인지 물을 때
7. 소개하기
8. 국적 묻기
9. 직업 묻기
10. 출신지, 거주지 묻기
11. 나이를 물을 때
12. 가족 소개

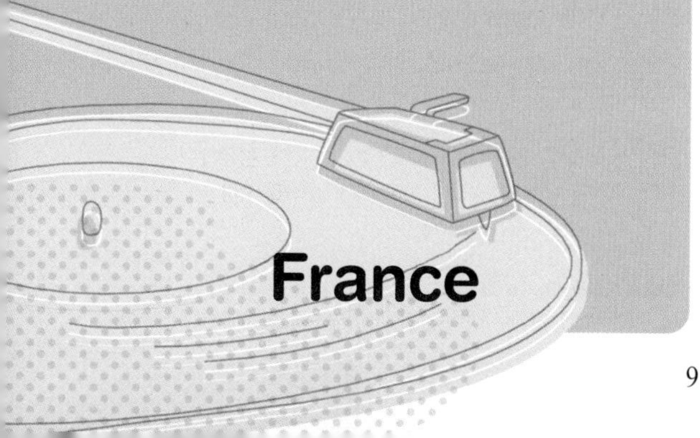

1. 인사

주요표현

A : Bonjour Paul.
봉쥬흐 뽈

B : Bonjour Sophie.
봉쥬흐 소피

A : 안녕하세요, 폴.
B : 안녕하세요, 소피.

안녕하세요. (아침 인사)

Bonjour.
봉쥬흐

안녕하세요. (오후 인사)

Bonsoir.
봉쑤와흐

안녕히 계세요[가세요].

Au revoir.
오 흐부와흐

안녕.

Salut.
쌀뤼

좋은 오후 되세요.

Bon après-midi.
봉 나프해 미디

좋은 밤 되세요. / 잘 자요.

Bonne nuit.
본(느)　　뉘이

좋은 하루 되세요.

Bonne journée.
본(느)　　쥬흐네

좋은 여행 되세요.

Bon voyage.
봉　　부와야쥬

생일 축하해요.

Bon anniversaire. / Joyeux anniversaire.
봉　　나니베흐쎄(흐)　　주와이유　자니베흐쎄(흐)

잘 먹겠습니다. / 맛있게 드세요.

Bon appétit.
봉　　나뻬띠

Bonne nuit.는 '좋은 밤 되세요.'라는 뜻으로, 자기 전에 하는 인사말입니다. '잘 자.'의 의미로는 Dors bien.(친구에게), Dormez bien.(여러 명에게 또는 공손히 말할 때)을 씁니다.

2. 처음 만났을 때

주요표현

A : Je m'appelle Yuna KIM. Enchantée.
쥬 마뻴 유나 낌 엉셩떼

B : Je suis François Gautier. Enchanté.
쥬 쒸이 프헝쑤와 고띠에 엉셩떼

A : 제 이름은 김유나입니다. 반갑습니다.

B : 저는 프랑수아 고티에입니다. 반갑습니다.

어떻게 지내세요?

Comment allez-vous?
꼬멍 딸레 부

저는 잘 지내요.

Je vais bien.
쥬 배 비앵

당신을 만나게 되어 반갑습니다.

Je suis ravie de vous rencontrer.
쥬 쒸이 하비 드 부 헝꽁트헤

저도, 당신을 보게 되어 기쁩니다.

Moi aussi, je suis contente de vous voir.
무와 오씨 쥬 쒸이 꽁떵뜨 드 부 부와흐

제가 김 여사님을 소개해 드리겠습니다.

Je vais vous présenter madame KIM.
쥬 베 부 프헤정떼 마담 낌

뵙게 되어 기쁩니다.

Je suis enchantée de faire votre connaissance.
쥬 쒸이 졍셩떼 드 패흐 보트흐 꼬내썽쓰

성함이 어떻게 되세요?

Vous vous appelez comment?
부 부 자쁠레 꼬멍

제 이름은 나디아입니다.

Je m'appelle Nadia.
쥬 마뻴 나디아

어떤 일을 하시나요?

Qu'est-ce que vous faites dans la vie?
깨 쓰 끄 부 패뜨 덩 라 비

기자입니다.

Je suis journaliste.
쥬 쒸이 쥬흐나리스뜨

Vous vous appelez comment?은 Comment vous appelez-vous?와 같은 뜻이며, 친구에게는 Comment t'appelles-tu? 또는 Tu t'appelles comment?을 씁니다.

3. 오랜만에 만났을 때

주요표현

A : Ça fait longtemps qu'on ne s'est pas vus. Ça va?
싸 패 롱떵 꽁 느 쌔 빠 뷔 싸 바

B : Je vais bien. Merci.
쥬 배 비앵 매흐씨

A : 오랜만입니다. 잘 지내요?

B : 저는 잘 지내요. 감사해요.

어떻게 지내니?

Comment vas-tu?
꼬멍 바 뛰

매우 잘 지내, 고마워.

Très bien merci.
트헤 비앵 메흐씨

잘 지내?

Ça va?
싸 바

잘 지내.

Ça va bien.
싸 바 비앵

요즘 어떻게 지내?

Quoi de neuf?
꾸와 드 뇌프

너를 못 본 지 오래됐어.

Ça fait longtemps que je ne t'ai pas vu.

싸 패 롱떵 끄 쥬 느 때 빠 뷔

반가워.

Enchanté.

엉셩떼

너를 만나게 되어 기뻐.

Ça fait plaisir de te voir.

싸 패 쁠래지흐 드 뜨 부와(흐)

프랑수아가 너에 대해 많이 얘기했어.

François m'a beaucoup parlé de toi.

프헝쑤와 마 보꾸 빠흐레 드 뚜와

우리 서로 말을 놓을 수 있지 않을까?

On peut se tutoyer non?

옹 쁘 쓰 뛰뚜와예 농

tutoyer는 '말을 놓다'라는 의미로 사용되며, 반대로 vouvoyer는 '말을 높이다(존댓말 하다)'라는 의미로 사용됩니다.

Marie me tutoie. 마리는 나에게 말을 놓는다.

On se vouvoie. 우리는 서로 말을 높인다.

4. 안부를 물을 때

주요표현

A : Comment va votre travail?
꼬멍 바 보트흐 트하바이

B : Ça marche très bien.
싸 마흐슈 트해 비앵

A : 하시는 일은 어떠세요?

B : 매우 잘돼요.

바쁘세요?

vous êtes occupée?
부 제뜨 오뀌뻬

정말 바빠요.

Je suis vraiment occupée.
쥬 쒸이 브해멍 오뀌뻬

요즘 할 게 많아요.

J'ai beaucoup de choses à faire ces jours-ci.
줴 보꾸 드 쇼즈 아 패흐 쌔 쥬흐 씨

새로운 일을 이제 시작했어요.

Je viens de commencer un nouveau travail.
쥬 비앵 드 꼬멍쎄 엥 누보 트하바이

연수를 해요.

Je fais un stage.
쥬 패 엥 스따쥬

한국 회사에서 일해요.

Je travaille dans une entreprise coréenne.

쥬 트하바이유 덩 쥔 엉트흐프히즈 꼬헤엔

아르바이트를 찾았어요.

J'ai trouvé un petit boulot.

줴 트후베 엥 쁘띠 불로

모든 것이 다 잘돼요.

Tout va bien.

뚜 바 비앵

일을 찾고 있어요.

Je cherche un travail.

쥬 쉐흐슈 엥 트하바이

곧 은퇴해요.

Je prends ma retraite bientôt.

쥬 프헝 마 흐트해뜨 비앵또

'un nouveau travail 새로운 일'에서의 'nouveau 새로운'이라는 뜻의 형용사는 뒤에 따라오는 명사의 성과 수에 따라 바뀝니다.

'nouveau+자음'으로 시작하는 남성 단수명사 → nouveau livre 새로운 책
'nouvel+모음'으로 시작하는 남성 단수명사 → nouvel an 새로운 해(년)
nouvelle+여성 단수명사 → nouvelle jupe 새로운 치마
nouveaux+남성 복수명사 → nouveaux livres 새로운 책들
nouvelles+여성 복수명사 → nouvelles jupes 새로운 치마들

주요표현

A : Au revoir. À bientôt.
오 흐부와흐 아 비앵또

B : Passez une bonne journée.
빠쎄 윈 본 쥬흐네

A : 안녕히 가세요. 다음에 봐요.

B : 좋은 하루 보내세요.

지금 거기 가야만 해요.

Je dois y aller maintenant.
쥬 두와 이 알레 맹뜨넝

곧 다시 봐요.

On se revoit bientôt.
옹 쓰 흐부와 비앵또

토요일에 봐요.

À samedi.
아 쌈디

내일 봐요.

À demain.
아 드맹

다음 주에 봐요.

À la semaine prochaine.
아 라 쓰맨느 프호쉔느

나중에 봐.

À plus tard.

아 쁠뤼 따흐

조금 있다 보자.

À tout à l'heure.

아 뚜 따 뢰흐

저 대신 마리에게 안부 전해 주세요.

Dites bonjour à Marie de ma part.

디뜨 봉쥬흐 아 마히 드 마 빠흐

이만 가봐야겠어요.

Je vous laisse.

쥬 부 래쓰

좋은 주말 보내세요.

Passez un bon week-end.

빠쌔 엥 봉 위깬드

À 뒤에 요일을 붙이면 '~요일에 보자'라는 표현을 만들 수 있습니다.

À lundi! 월요일에 봐요!

À jeudi! 목요일에 봐요!

6. 누구인지 물을 때

주요표현

A : Qui est-ce?
끼 애 쓰

B : C'est monsieur Paul Rousseau.
쎄 므씨으 뽈 후쏘

A : 저분은 누구인가요?

B : 폴 루소 씨입니다.

우리는 서로를 매우 잘 압니다.

Nous nous connaissons très bien.
누 누 꼬내쏭 트해 비앵

마리는 저의 가장 친한 친구입니다.

Marie est ma meilleure amie.
마히 애 마 매이외흐 아미

우리는 같은 고등학교에 다녔습니다.

Nous avons été dans le même lycée.
누 자봉 에떼 덩 르 맴 리쎄

우리는 같은 회사에서 일합니다.

Nous travaillons dans la même entreprise.
누 트하바이용 덩 라 맴 엉트흐프히즈

우리는 소꿉친구입니다.

Nous sommes amies d'enfance.
누 쏨 자미 덩펑쓰

그녀는 비서입니다.

Elle est secrétaire.
앨 애 쓰크헤때흐

그녀는 좋은 사람입니다.

Elle est sympa.
앨 애 쌩빠

여기는 막스입니다. 제 동료입니다.

Voici, Max. C'est mon collègue.
부와씨 막쓰 쌔 몽 꼴래그

제 사장님입니다.

C'est mon patron.
쌔 몽 빠트홍

손님입니다.

C'est un client.
쌔 뗑 끌리엉

소개를 할 때에는 'c'est ~이다', 'ce sont ~들이다'를 사용합니다.
C'est Paul. 폴입니다.
Ce sont mes enfants. 제 아이들입니다.

7. 소개하기

주요표현

A : Voici monsieur Dumaurier.
부와씨 므씨으 뒤모히에

B : Enchanté, monsieur.
엉셩떼 므씨으

A : 이쪽은 뒤모리에 씨입니다.

B : 반갑습니다.

저를 소개하겠습니다.

Je vais me présenter.
쥬 배 므 프헤정떼

제 친구를 소개해 드리겠습니다.

Je vais vous présenter mon ami.
쥬 배 부 프헤정떼 몽 나미

저는 이민호입니다.

Je suis Min-Ho Lee.
쥬 쒸이 민호 리

제 이름은 폴 루소입니다.

Je m'appelle Paul Rousseau.
쥬 마뻴 뽈 후쏘

이쪽은 제 아내입니다.

Voici ma femme.
부와씨 마 팜므

당신을 알게 되어 기쁩니다.

Ça me fait plaisir de vous connaître.
싸 므 패 쁠래지흐 드 부 꼬내트흐

어디 출신이신가요?

Vous êtes d'où?
부 재뜨 두

어느 분야에서 일하시나요?

Vous travaillez dans quel domaine?
부 트하바이예 덩 깰 도맨

서로 아시나요?

Vous vous connaissez?
부 부 꼬내쎄

서로 어떻게 아시게 되었나요?

Comment est-ce que vous vous êtes connus?
꼬멍 애 쓰 끄 부 부 재뜨 꼬뉘

▶이름 말하기

이름을 말하고자 할 때에는 's'appeler 이름이 ~이다'라는 동사 또는 'être ~이다'의 동사를 이용할 수 있습니다.

Je m'appelle Inju. 제 이름은 인주입니다.

Je suis Inju. 저는 인주입니다.

8. 국적 묻기

주요표현

A : Monsieur KIM, êtes-vous Coréen?
므씨으 낌 애뜨 부 꼬헤엥

B : Oui, je suis Coréen.
위 쥬 쒸이 꼬헤엥

A : 미스터 김, 당신은 한국인이세요?

B : 네, 저는 한국인이에요.

어느 나라 사람이신가요?

Quelle est votre nationalité?
깰르 애 보트흐 나씨오날리떼

어디 출신이신가요?

Vous êtes d'où?
부 재뜨 두

어느 나라에서 오셨나요?

Vous venez de quel pays?
부 브네 드 깰 뻬이

저는 서울 출신입니다.

Je suis de Séoul.
쥬 쒸이 드 쎄울

저는 한국에서 왔습니다. 당신은요?

Je viens de Corée. Et vous?
쥬 비앵 드 꼬헤 에 부

저는 프랑스인입니다.

Je suis Française.

쥬 쒸이 프헝쌔즈

저는 파리에서 태어났습니다.

Je suis née à Paris.

쥬 쒸이 네 아 빠히

하지만 내 가족은 니스에 있습니다.

Mais ma famille est à Nice.

매 마 파미유 애 따 니쓰

저는 한국인 (여)친구가 있습니다.

J'ai une amie Coréenne.

줴 윈 아미 꼬헤옌

저는 한국인 (남)친구가 없습니다.

Je n'ai pas d'ami Coréen.

쥬 내 빠 다미 꼬헤옝

'être(~이다)+de+도시명'을 사용하면 출신 도시를 표현할 수 있습니다.

Je suis de Busan. 저는 부산 출신입니다.

9. 직업 묻기

주요표현

A : Quelle est votre profession?
깰르 애 보트흐 프호페씨옹

B : Je suis avocat.
쥬 쒸이 아보까

A : 직업이 무엇입니까?
B : 저는 변호사입니다.

어떤 일을 하시나요?

Que faites-vous dans la vie?
끄 패뜨 부 덩 라 비

저는 대학생입니다.

Je suis étudiant.
쥬 쒸이 제뛰디엉

저는 요리사입니다.

Je suis chef cuisinier.
쥬 쒸이 쉐프 뀌지니에

어디에서 일하시나요?

Où travaillez-vous?
우 트하바이예 부

저는 대기업에서 일합니다.

Je travaille dans une grande entreprise.
쥬 트하바이유 덩 쥔 그헝드 엉트흐프리즈

저는 작은 가게를 운영합니다.

Je dirige un petit magasin.

쥬 디히쥬 엥 쁘띠 마가쟁

저는 프랑스어 선생입니다.

Je suis professeur de français.

쥬 쒸이 프호패쐬흐 드 프헝쌔

저는 피아니스트입니다.

Je suis pianiste.

쥬 쒸이 삐아니쓰뜨

저는 번역가입니다.

Je suis traducteur.

쥬 쒸이 트하뒥뙤흐

저는 화가입니다.

Je suis peintre.

쥬 쒸이 뺑트흐

▶직업 말하기 : 'être ~이다'+무관사+명사

Je suis lycéen. 저는 (남자) 고등학생입니다.

Je suis actrice. 저는 여배우입니다.

10. 출신지, 거주지 묻기

주요표현

A : Où habitez-vous?
우 아비떼 부

B : J'habite à Paris.
자비뜨 아 빠히

A : 댁은 어디세요?

B : 저는 파리에서 살고 있습니다.

고향은 어디세요?

Vous êtes originaire d'où?
부 재뜨 오히지내흐 두

내 고향은 서울입니다.

Je suis de Séoul.
쥬 쒸이 드 쎄울

지금은 어디서 사시죠?

Où habitez-vous maintenant?
우 아비떼 부 맹뜨넝

서울 근교에서 삽니다.

J'habite en banlieue de Séoul.
자비뜨 엉 벙리유 드 쎄울

저는 시내에서 삽니다.

J'habite en ville.
자비뜨 엉 빌

댁이 여기서 멀어요?

Habitez-vous loin d'ici?
아비떼 부 루앵 디씨

아니요, 멀지 않습니다.

Non, je n'habite pas loin.
농 쥬 나비뜨 빠 루앵

그곳까지 얼마나 걸려요?

Vous mettez combien de temps jusque-là?
부 매떼 꽁비앵 드 떵 쥐쓰끄 라

지하철로 반 시간 정도 걸립니다.

Environ trente minutes en métro.
엉비홍 트헝뜨 미뉘뜨 엉 메트호

여기 근처에서 삽니다. 걸어서 갈 수 있어요.

J'habite près d'ici. Je peux y aller à pied.
자비뜨 프해 디씨 쥬 쁘 이 알레 아 삐에

집에서 직장까지는 얼마나 걸립니까?

Combien de temps faut-il pour aller de la maison au bureau?
꽁비엥 드 떵 포 띨 뿌흐 알레 드 라 매종 오 뷔호

(직장은) 버스 타고 50분 거리예요.

Il est à cinquante minutes en bus.
일 애 따 쌩껑뜨 미뉘뜨 엉 뷔쓰

11. 나이를 물을 때

주요표현

A : Quel âge avez-vous?
깰 아쥬 아베 부

B : J'ai 25 ans.
줴 뱅쌩 껑

A : 나이가 어떻게 되세요?

B : 25살입니다.

몇 년도에 태어나셨나요?

Vous êtes née en quelle année?
부 제뜨 네 엉 깰르 아네

2000년에 태어났습니다.

Je suis née en 2000.
쥬 쒸이 네 엉 드밀

너는 몇 살이니?

Tu as quel âge?
뛰 아 깰 아쥬

당신의 나이보다 더 젊어 보이시네요.

Vous faites plus jeune que votre âge.
부 패뜨 쁠뤼 즌느 끄 보트흐 아쥬

생년월일이 어떻게 되시나요?

Quelle est votre date de naissance?
깰르 애 보트흐 다뜨 드 내썽쓰

1995년 6월 12일입니다.

C'est le 12 juin 1995.

쌔 르 두즈 쥐앵 밀뇌프썽까트흐뱅깽즈

당신의 아내는 나이가 어떻게 되나요?

Votre femme a quel âge?

보트흐 팜(므) 아 깰 아쥬

그녀는 30살입니다.

Elle a trente ans.

앨 아 트헝 떵

그녀는 저와 나이가 같습니다.

Elle a le même âge que moi.

앨 아 르 맴 아쥬 끄 무와

그는 저보다 나이가 많습니다.

Il est plus âgé que moi.

일 애 쁠뤼 자제 끄 무와

▶나이 말하기 : avoir+나이

프랑스어로 나이를 말할 때에는 'avoir 가지다' 동사를 사용합니다.

J'ai 20 ans. 저는 20살입니다.

Tu as 15 ans. 너는 15살이야.

12. 가족 소개

주요표현

A : Vous êtes combien dans la famille?
부 재뜨 꽁비앵 덩 라 파미유

B : Nous sommes quatre.
누 쏨 꺄트흐

A : 가족이 몇 분이신가요?

B : 저희는 4명입니다.

당신의 가족에 대해서 말해 줄 수 있습니까?

Pourriez-vous me parler de votre famille?
뿌히에 부 므 빠흘레 드 보트흐 파미유

내 가족의 사진입니다.

C'est la photo de ma famille.
쌔 라 포또 드 마 파미유

제 가족은 4명입니다.

Il y a quatre personnes dans ma famille.
일리야 꺄뜨흐 빼흐쏜 덩 마 파미유

저는 부모님과 함께 삽니다.

Je vis avec mes parents.
쥬 비 아백(끄) 메 빠헝

제 아버지는 작은 식당을 운영하십니다.

Mon père gère un petit restaurant.
몽 빼흐 재흐 엥 쁘띠 해스또헝

제 어머니는 간호사입니다.

Ma mère est infirmière.
마 매흐 애 땡피흐미애흐

형제 또는 자매가 있으십니까?

Avez-vous des frères ou des sœurs?
아베 부 데 프해흐 우 데 쐬흐

네, 저는 누나가 있습니다.

Oui, j'ai une grande sœur.
위 줴 윈 그헝드 쐬흐

그녀는 저처럼 대학생입니다.

Elle est étudiante comme moi.
앨 애 떼뛰디엉뜨 꼼 무와

전에는 저희는 조부모님과 함께 살았습니다.

Avant, on vivait avec nos grands-parents.
아벙 옹 비배 아백(끄) 노 그헝 빠헝

그들이 저희를 보살펴주셨습니다.

Ils s'occupaient de nous.
일 쏘뀌빼 드 누

저는 장남입니다.

Je suis fils aîné.
쥬 쒸이 피쓰 애네

관련단어

가족, 친척 호칭

grand-père	그헝 빼흐	男 할아버지
grand-mère	그헝 매흐	女 할머니
père	빼흐	男 아버지
mère	매흐	女 어머니
fils	피쓰	男 아들
fille	피유	女 딸
petit-fils	쁘띠 피쓰	男 손자
petite-fille	쁘띠뜨 피유	女 손녀
papa	빠빠	男 아빠
maman	마멍	女 엄마
frère	프해흐	男 남자 형제
sœur	쐬흐	女 여자 형제
oncle	옹끌르	男 아저씨(숙부, 백부, 삼촌)
tante	떵뜨	女 아주머니(숙모, 백모, 이모)
neveu	느브	男 남자 조카
nièce	니애쓰	女 여자 조카
fils unique	피쓰 위닉끄	男 외동아들
fille unique	피유 위닉끄	女 외동딸
beau-frère	보 프해흐	男 처남, 시동생
belle-sœur	밸 쐬흐	女 처형, 처제, 시누이
beau-fils	보 피쓰	男 사위
belle-fille	밸 피유	女 며느리
beau-père	보 빼흐	男 장인, 시아버지, 계부
belle-mère	밸 매흐	女 장모, 시어머니, 계모

국가 이름

France	프헝쓰	女 프랑스
Corée	꼬헤	女 한국
Allemagne	알르마니으	女 독일
Danemark	단마흐끄	男 덴마크
Italie	이딸리	女 이탈리아
Espagne	애스빠니유	女 스페인
Portugal	뽀흐뛰갈	男 포르투갈
Pays-bas(Hollande)	뻬이바(올렁드)	男 네덜란드(*복수형)
Russie	휘씨	女 러시아
États-Unis	에따쥐니	男 미국(*복수형)
Mexique	멕시끄	男 멕시코
Brésil	브헤질	男 브라질
Argentine	아흐졍띤느	女 아르헨티나
Australie	오스트할리	女 오스트레일리아(호주)
Corée du Nord	꼬헤 뒤 노흐	女 북한
Chine	쉰느	女 중국
Japon	자뽕	男 일본
Vietnam	비엣뜨남	男 베트남
Indonésie	앵도네지	女 인도네시아
Inde	앵드	女 인도
Iran	이헝	男 이란
Égypte	에집뜨	女 이집트
Afghanistan	아프가니스떵	男 아프가니스탄
Belgique	밸지끄	女 벨기에
Bulgarie	뷜가히	女 불가리아
Chili	쉴리	男 칠레

관련단어

Finlande	팽렁드	女 핀란드
Grèce	그헤쓰	女 그리스
Irak	이하끄	男 이라크
Irland	이흘렁드	女 아일랜드
Israël	이쓰하앨	男 이스라엘
Canada	까나다	男 캐나다
Malaisie	말래지	女 말레이시아
Norvège	노흐배쥬	女 노르웨이
Autriche	오뜨히슈	女 오스트리아
Pologne	뽈로뉴	女 폴란드
Philippines	필리삔	女 필리핀(*복수형)
Suède	쒸애드	女 스웨덴
Suisse	쓰위쓰	女 스위스
Corée du sud	꼬헤 뒤 쒸드	女 남한
Turquie	뛰흐끼	女 터키

주요 도시명

Séoul	쎄울	서울
Berlin	배흘랭	베를린
Madrid	마드히드	마드리드
Brasilia	브하질리아	브라질리아
New York	뉴욕	뉴욕
Stockholm	쓰똑꼴므	스톡홀름
Pékin	뻬깽	북경
Tokyo	또끼오	도쿄
Paris	빠히	파리
Moscou	모쓰꾸	모스크바

Lisbonne	리쓰본	리스본
Copenhague	꼬뻰나그	코펜하겐
Hong Kong	옹꽁	홍콩
Sao Paulo	싸오뽈로	상파울로

직업

*남성명사 기준으로 되어 있습니다.

métier	메띠에	男 직업
employé d'une entreprise	엉쁠루와에 뒨 엉트흐프리즈	男 회사원
fonctionnaire	퐁끄씨오내흐	男 공무원
policier	뽈리씨에	男 경찰관
militaire	밀리때흐	男 군인
soldat	쏠다	男 군인
maître	매트흐	男 선생님
professeur	프호패쐬흐	男 교수
docteur	독뙤흐	男 의사
infirmier	앵피흐미에	男 간호사
musicien	뮈지씨앵	男 악사
acteur	악뙤흐	男 배우
chanteur	셩뙤흐	男 가수
ouvrier	우브히에	男 노동자
cuisinier	뀌지니에	男 요리사
architecte	아흐쉬땍뜨	男 건축가
ingénieur	앵제니외흐	男 기술자, 엔지니어
pilote	삘로뜨	男 파일럿, 조종사
avocat	아보까	男 변호사
traducteur	트하뒥뙤흐	男 번역가

관련단어

interprète	앵때흐프해뜨	男 통역사
journaliste	쥬흐날리스뜨	男 기자
marchand	마흐셩	男 상인
chauffeur	쇼푀흐	男 운전사
vendeur	벙되흐	男 판매원
coiffeur	꾸와푀흐	男 미용사
menuisier	므뉘지에	男 목수
joueur	주외흐	男 운동선수

2장

시간과 날씨

1. 시간을 물을 때

주요표현

A : Quelle heure est-il?
깰 뢰흐 애 띨

B : Il est 7 heures.
일 애 쌧 뙤흐

A : 몇 시입니까?

B : 7시입니다.

몇 시예요?

Il est quelle heure?
일 애 깰 뢰흐

시간 있으세요? / 몇 시인가요?

Avez-vous l'heure?
아베 부 뢰흐

오전 10시입니다.

Il est 10 heures du matin.
일 애 디 죄흐 뒤 마땡

제가 일찍 도착했습니다.

Je suis en avance.
쥬 쒸이 정 나벙쓰

제가 예정 시간에 도착했습니다.

Je suis à l'heure.
쥬 쒸이 아 뢰흐

제가 늦었습니다.

Je suis en retard.

쥬 쒸이 정 흐따흐

여기에 오기 위해 30분이 걸렸습니다.

J'ai mis trente minutes pour venir ici.

줴 미 트헝뜨 미뉘뜨 뿌흐 브니흐 이씨

저는 거기에 10분 만에 갈 수 있습니다.

Je peux y aller en dix minutes.

쥬 쁘 이 알레 엉 디 미뉘뜨

제 택시가 5분 후에 도착합니다.

Mon taxi arrive dans cinq minutes.

몽 딱씨 아히브 덩 쌩끄 미뉘뜨

몇 시부터 여기에 계셨나요?

Vous êtes là depuis quelle heure?

부 재뜨 라 드쀠 깰 뢰흐

▶en+시간 : ~만에

Je mange en 10 minutes. 저는 10분 만에 먹습니다.

Je vais à la maison en 15 minutes. 저는 집에 15분 만에 갑니다.

2. 요일을 물을 때

주요표현

A : Quel jour sommes-nous aujourd'hui?
깰 쥬흐 쏨 누 오쥬흐뒤이

B : Nous sommes vendredi.
누 쏨 벙드흐디

A : 오늘은 무슨 요일인가요?

B : 금요일입니다.

폴 씨와 약속을 갖고자 합니다.

Je voudrais prendre rendez-vous avec monsieur Paul.
쥬 부드해 프헝드흐 헝데 부 아배(크) 므씨으 뽈

네, 언제입니까?

Oui, ce serait pour quand?
위 쓰 쓰해 뿌흐 껑

이번 주에 가능할까요?

Ce serait possible cette semaine?
쓰 쓰해 뽀씨블르 쎗뜨 쓰맨느

13시 이후로 목요일 오후에 가능할까요?

C'est possible jeudi après-midi après 13 heures?
쌔 뽀씨블르 쥬디 아프해 미디 아프해 트해 죄흐

저는 어려울 겁니다.

Ça va être difficile pour moi.
싸 바 애트흐 디피씰 뿌흐 무와

저는 아침이 더 좋습니다.

Je préfère le matin.
쥬 프헤패흐 르 마땡

그렇지 않으면 금요일을 제안해 드릴 수 있습니다.

Sinon, je peux vous proposer vendredi.
씨농 쥬 쁘 부 프호뽀제 벙드흐디

화요일 아침은 가능하신가요?

Mardi matin, c'est possible pour vous?
마흐디 마땡 쌔 뽀씨블르 뿌흐 부

네, 좋습니다.

Oui, très bien.
위 트해 비앵

조금 더 늦게 가능할까요?

C'est possible un peu plus tard?
쌔 뽀씨블르 엥 쁘 쁠뤼 따흐

▸plus의 발음

plus는 끝 자음인 s가 발음되는 경우의 [쁠뤼쓰]와 발음되지 않는 경우의 [쁠뤼]가 있습니다. 보통 부정문 속에서, 형용사나 부사가 따라오는 경우에는 s[쓰] 발음을 하지 않고 그 밖의 경우에는 s[쓰] 발음을 합니다.

Je ne mange plus. [쥬 느 멍쥬 쁠뤼] 나는 더 이상 먹지 않습니다.
C'est plus grand. [쌔 쁠뤼 그헝] 더 크다.
Un peu plus tard. [엥 브 쁠뤼 따흐] 조금 더 늦게.

주요표현

A : Quelle est la date d'aujourd'hui?
깰(르) 애 라 다뜨 도쥬흐뒤이

B : Nous sommes le 6.
누 쏨 르 씨쓰

A : 오늘은 며칠인가요?

B : 6일입니다.

(지금은) 2020년 3월 30일입니다.

Nous sommes le 30 mars 2020.
누 쏨 르 트헝트 마흐쓰 드밀뱅

(지금은) 10월입니다.

Nous sommes en octobre.
누 쏨 정 녹또브흐

(지금은) 2020년입니다.

Nous sommes en 2020.
누 쏨 정 드밀뱅

저는 4월 27일부터 5월 4일까지 프랑스에 있습니다.

Je suis en France du 27 avril au 4 mai.
쥬 쒸이 정 프헝쓰 뒤 뱅쎗 아브힐 오 까트흐 매

저는 10월 10일까지 파리에 있습니다.

Je reste à Paris jusqu'au 10 décembre.
쥬 헤스뜨 아 빠히 쥐쓰꼬 디 데썽브흐

오늘은 며칠인가요?

C'est le combien aujourd'hui?
쌔 르 꽁비앵 오쥬흐뒤이

오늘은 12일입니다.

Aujourd'hui, c'est le 12.
오쥬흐뒤이 쌔 르 두즈

여름방학은 언제 시작합니까?

les vacances d'été commencent quand?
레 바깡쓰 데떼 꼬멍쓰 껑

당신의 생일은 언제인가요?

C'est quand votre anniversaire?
쌔 껑 보트흐 아니베(흐)쎄흐

9월 2일입니다.

C'est le 2 septembre.
쌔 르 드 쎕떵브흐

nous sommes 또는 on est 뒤에 요일을 넣어 '~요일이야'를 만들 수 있습니다.
Nous sommes lundi. / On est lundi. 월요일이야.

- **요일** : lundi(월요일), mardi(화요일), mercredi(수요일), jeudi(목요일), vendredi(금요일), samedi(토요일), dimanche(일요일)

주요표현

A : La montre est à l'heure exacte?
라 몽트흐 애 따 뢰흐 액그작뜨

B : Non, elle avance de deux minutes.
농 앨 아벙쓰 드 드 미뉘뜨

A : 시계가 맞나요?

B : 아니요, 2분 빠릅니다.

내 시계에 문제가 있는 것 같습니다.

Je crois que ma montre a un problème.
쥬 크후와 끄 마 몽트흐 아 엥 프호블램

시간이 안 맞습니다.

Ma montre n'est pas à l'heure.
마 몽트흐 내 빠 자 뢰흐

내 시계가 5분 느립니다.

Ma montre retarde de cinq minutes.
마 몽트흐 흐따흐드 드 쌩끄 미뉘뜨

제 시계가 고장났습니다.

Ma montre est en panne.
마 몽트흐 애 떵 빤느

시계가 더 이상 작동되지 않습니다.

La montre ne fonctionne plus.
라 몽트흐 느 퐁끄씨온느 쁠뤼

이 시계를 고쳐주실 수 있으십니까?

Pourriez-vous me réparer cette montre?
뿌히에 부 므 헤빠헤 쎗뜨 몽트흐

배터리를 갈아야 합니다.

Il faut changer la pile.
일 포 셩줴 라 삘르

수리는 얼마나 걸리나요?

La réparation prend combien de temps?
라 헤빠하씨옹 프헝 꽁비앵 드 떵

배터리 교체는 몇 분밖에 걸리지 않습니다.

Le changement de pile ne dure que quelques minutes.
르 셩즈멍 드 삘르 느 뒤흐 끄 깰끄 미뉘뜨

얼마 드리면 되나요?

Je vous dois combien?
쥬 부 두와 꽁비앵

새 시계를 사야 될 것입니다.

Il faudra acheter une nouvelle montre.
일 포드하 아슈떼 윈느 누밸르 몽트흐

5. 약속을 정할 때

주요표현

A : Nous nous verrons quand?
누 누 배홍 껑

B : Vous pourriez venir à la fin de la semaine?
부 뿌히에 브니흐 아 라 팽 드 라 쓰맨느

A : 언제 뵐까요?

B : 이번 주말에 오실 수 있나요?

랑글루아 씨와 약속을 잡고 싶습니다.

J'aimerais prendre rendez-vous avec M. Langlois.
재므해 프헝드흐 헝데 부 아백끄 므씨으 렁글루와

우리는 몇 시에 뵐까요?

Nous nous verrons à quelle heure?
누 누 배홍 아 깰 뢰흐

저는 오후에는 집에 없을 거예요.

Je ne serai pas chez moi l'après-midi.
쥬 느 쓰해 빠 쉐 무와 라프해 미디

내일 오실 수 있어요?

Vous pourriez venir demain?
부 뿌히에 브니흐 드맹

언제 시간이 되세요?

Quand est-ce que vous serez libre?
껑 때 쓰 끄 부 쓰헤 리브흐

죄송해요, 월요일은 저는 안 돼요.

Je suis désolé, lundi je ne peux pas.
쥬 쒸이 데졸레 랭디 쥬 느 쁘 빠

저는 이미 선약이 있어요.

Je suis déjà pris.
쥬 쒸이 데쟈 프히

곧 따라가겠습니다.

Je vous rejoins tout à l'heure.
쥬 부 흐쥬앵 뚜 따 뢰흐

어디에서 만나기로 약속을 잡을까요?

Où est-ce que nous pourrions nous donner rendez-vous?
우 애쓰 끄 누 뿌히옹 누 돈네 헝데 부

금요일에 서로 보면 어떨까요?

Si nous nous voyions vendredi?
씨 누 누 부와이용 벙드흐디

3시면 좋을 것 같습니다.

Ce serait bien à 3 heures.
쓰 쓰해 비앵 아 트후와 죄흐

6. 날씨 표현 1

주요표현

A : Quel temps fait-il aujourd'hui?
깰 떵 패 띨 오쥬흐뒤

B : Il fait beau.
일 패 보

A : 오늘 날씨가 어때요?

B : 좋습니다.

비가 옵니다.

Il pleut.
일 쁠르

눈이 내립니다.

Il neige.
일 내쥬

날씨가 흐립니다.

Il fait gris.
일 패 그히

햇빛이 납니다.

Il y a du soleil.
일리야 뒤 쏠래이

바람이 붑니다.

Il y a du vent.
일리야 뒤 벙

날씨가 춥습니다.

Il fait froid.

일 패 프후와

날씨가 덥습니다.

Il fait chaud.

일 패 쇼

날씨가 나쁩니다.

Il fait mauvais.

일 패 모배

25도입니다.

Il fait vingt-cinq degrés.

일 패 뱅 쌩끄 드그헤

영하 5도입니다.

Il fait moins cinq degrés.

일 패 무앵 쌩끄 드그헤

▶날씨 표현하기

'pleuvoir 비가 오다', 'neige 눈이 오다'처럼 날씨를 표현하는 동사가 자체적으로 있는 경우도 있으나 명사나 형용사를 이용하여 날씨를 표현해야 하는 경우에는 'il y a+부분관사+명사' 또는 'il fait+형용사'를 이용합니다.

Il y a du vent. 바람이 붑니다.

Il fait beau. 날씨가 좋습니다.

주요표현

A : La météo annonce qu'il pleuvra demain.
라 메떼오 아농쓰 낄 쁠르브하 드맹

B : N'oubliez pas votre parapluie.
누블리애 빠 보트흐 빠하쁠뤼

A : 일기예보에서 내일 비가 올 것이라고 합니다.

B : 우산을 잊지 마세요.

날이 푹푹 찌네요.

Il fait une chaleur insupportable.
일 패 윈 샤뢰흐 앵쒸뽀흐따블르

여기저기에 물웅덩이가 있어요.

Il y a des flaques d'eau partout.
일리야 데 플라끄 도 빠흐뚜

시원한 장소에 있는 게 낫겠어요.

Il vaut mieux rester à la fraîche.
일 보 미유 해스떼 아 라 프해슈

도로 위의 빙판 조심하세요!

Faites attention au verglas sur la route!
패뜨 아떵씨옹 오 배흐글라 쒸흐 라 후뜨

지독하게 춥네요!

Il fait un froid de canard!
일 패 엥 프후와 드 까나흐

바람 한 점 없네요.

Il n'y a pas un souffle d'air.

일 니 아 빠 엥 쑤플르 대흐

비가 억수로 쏟아지네요!

Il pleut des cordes!

일 쁠르 데 꼬흐드

가랑비가 내리네요.

Il pleut légèrement.

일 쁠르 레재흐멍

릴은 몇 도입니까?

Quelle est la température à Lille?

깰르 애 라 떵뻬하뛰흐 아 릴르

거의 4도입니다.

À peine quatre degrés.

아 뺀느 꺄트흐 드그헤

▶**Il vaut mieux+동사원형** : ~하는 것이 더 낫다

Il vaut mieux rester. 남아 있는 것이 더 낫습니다.

Il vaut mieux demander à quelqu'un.

누군가에게 물어보는 것이 더 낫습니다.

8. 자연재해

주요표현

A : Il pleut des cordes.
일 쁠르 데 꼬흐드

B : Vous avez raison. Je crois que la montagne s'écroulera.
부 자베 해종 쥬 크후와 끄 라 몽따뉴 쎄크훌르하

A : 굉장한 비네요.

B : 그렇네요. 산이 무너질 것 같아요.

태풍이 상륙한다고 합니다.

On dit que le typhon atteindra.
옹 디 끄 르 띠퐁 아땡드하

피해는 없었습니까?

N'y a-t-il pas eu de dégâts?
니 아띨 빠 유 드 데가

바람이 무척 세게 붑니다.

Le vent souffle très fort.
르 벙 쑤플르 트해 포흐

이 지역은 지진이 자주 발생합니다.

Le séisme se produit souvent dans cette région.
르 쎄이쓰므 쓰 프호뒤 쑤벙 덩 쌧 헤지옹

해일의 위험은 없습니다.

Il n'y a pas de risque de raz de marée.
일 니 아 빠 드 히쓰끄 드 하 드 마헤

작년에 홍수가 났어요.

Il y a eu des inondations l'année dernière.
일리야 유 데 지농다씨옹 라네 대흐니애흐

눈사태가 일어났습니다.

Une avalanche s'est produite.
윈 아발렁슈 쌔 프호뒤뜨

가뭄이 계속되어서 농작물이 말라붙고 있습니다.

Due à la sécheresse qui continue, les produits
뒤 알 라 쎄슈해쓰 끼 꽁띠뉴 레 프호뒤

agricoles sont complètement secs.
아그히꼴 쏭 꽁쁠래뜨멍 쌕

지금 밖에는 천둥 번개가 칩니다.

Il y a de la foudre qui éclate dehors en ce moment.
일리야 드 라 푸드흐 끼 에끌라뜨 드오흐 엉 쓰 모멍

지독한 더위예요.

C'est une chaleur épouvantable.
쌔 췬 샤뢰흐 에뿌벙따블르

이렇게 안개가 심하면 나가기 불편합니다.

Il est difficile de sortir s'il y a autant de brouillard.
일 애 디피씰 드 쏘흐띠흐 씰리야 오떵 드 브휘야흐

관련단어

날씨

soleil	솔래이	男 해
lune	륀느	女 달
étoile	에뚜알	女 별
nuage	뉘아쥬	男 구름
pluie	쁠뤼(이)	女 비
éclair	에끌래흐	男 번개
vent	벙	男 바람
neige	내쥬	女 눈
rosée	호제	女 이슬
averse	아배흐쓰	女 소나기
orage	오하쥬	男 폭우
inondation	이농다씨옹	女 홍수
typhon	띠퐁	男 태풍
tonnerre	또내흐	男 천둥
grêle	그핼르	女 우박
brouillard	브휘야흐	男 안개
bruine	브휜느	女 이슬비
glace	글라쓰	女 얼음
humidité	위미디떼	女 습기

숫자(기수, 서수)

un	엥	1
une	윈느	1(*여성명사 앞)
deux	드	2
trois	트후와	3

quatre	까트흐	4
cinq	쌩끄	5
six	씨쓰	6
sept	쎗뜨	7
huit	윗뜨	8
neuf	뇌프	9
dix	디쓰	10
onze	옹즈	11
douze	두즈	12
treize	트해즈	13
quatorze	까또흐즈	14
quinze	깽즈	15
seize	쌔즈	16
dix-sept	디쎗뜨	17
dix-huit	디즈윗뜨	18
dix-neuf	디즈뇌프	19
vingt	뱅	20
trente	트헝뜨	30
quatrante	까헝뜨	40
cinquante	쌩껑뜨	50
soixante	쑤와썽뜨	60
soixante-dix	쑤와썽뜨디쓰	70
soixante-et-onze	쑤와썽떼옹즈	71
soixante-douze	쑤와썽뜨두즈	72
quatre-vingts	까트흐뱅	80
quatre-vingt-un	까트흐뱅엥	81
quatre-vingt-deux	까트흐뱅드	82
quatre-vingt-dix	까트흐뱅디쓰	90

관련단어

quatre-vingt-onze	까트흐뱅옹즈	91
quatre-vingt-douze	까트흐뱅두즈	92
cent	썽	100
deux cents	드썽	200
mille	밀	1,000
un million	엥 밀리용	1,000,000
premier / *première	프흐미에 / 프흐미애흐	첫 번째의(*여성명사 앞)
deuxième	드지엠	두 번째의
troisième	트후와지엠	세 번째의
quatrième	까트히엠	네 번째의
cinquième	쌩끼엠	다섯 번째의
sixième	씨지엠	여섯 번째의
septième	쎗띠엠	일곱 번째의
huitième	윗띠엠	여덟 번째의
neuvième	뇌비엠	아홉 번째의
dixième	디지엠	열 번째의
dernier / *dernière	대흐니에 / 대흐니애흐	마지막의(*여성명사 앞)

년, 월

année	아네	女 년, 해
année dernière	아네 데흐니애흐	女 작년
cette année	쌧 따네	금년
année prochaine	아네 프호쉔	女 내년
mois	무와	男 월
janvier	정비애	1월

février	페브히애	2월
mars	마흐쓰	3월
avril	아브힐	4월
mai	매	5월
juin	쥐앵	6월
juillet	쥐이예	7월
août	우뜨	8월
septembre	쎕떵브흐	9월
octobre	옥또브흐	10월
novembre	노벙브흐	11월
décembre	데썽브흐	12월

날짜

semaine	쓰맨느	여 주
dimanche	디멍슈	일요일
lundi	랭디	월요일
mardi	마흐디	화요일
mercredi	매흐크흐디	수요일
jeudi	쥬디	목요일
vendredi	벙드흐디	금요일
samedi	쌈디	토요일
jour	쥬흐	男 날, 요일
la semaine dernière	라 쓰맨느 대흐니애흐	여 지난주
cette semaine	쌧뜨 쓰맨느	이번 주
la semaine prochaine	라 쓰맨느 프호쉔	여 다음 주
le mois dernier	르 무와 대흐니애	男 지난달
ce mois-ci	쓰 무와씨	이번 달

관련단어

le mois prochain	르 무와 프호쉥	男 다음 달
aujourd'hui	오쥬흐뒤이	오늘
demain	드맹	내일
hier	이애흐	어제
avant-hier	아벙티애흐	그제, 그저께
après-demain	아프해 드맹	모레

시간

temps	떵	男 시간
matin	마땡	男 아침
midi	미디	男 정오
après-midi	아프해 미디	男 오후
soir	쑤와흐	男 저녁
minuit	미뉘	男 자정
heure	외흐	女 시, 시간
minute	미뉘뜨	女 분
seconde	쓰공드	女 초

의견 · 감정 · 관심 3장

1. 긍정의 표현
2. 맞장구 치기
3. 부정의 표현
4. 기쁠 때
5. 기분이 좋지 않을 때
6. 화나거나 놀랐을 때
7. 실망, 불만일 때
8. 위로할 때
9. 칭찬할 때
10. 사과할 때
11. 감사할 때
12. 허락, 허가의 표현
13. 거절할 때
14. 부탁할 때
15. 외모에 대한 표현
16. 성격에 대한 표현
17. 호감을 나타낼 때

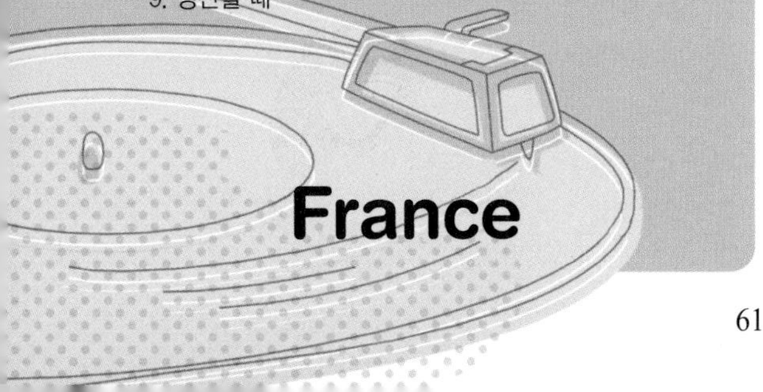

주요표현

A : Aimeriez-vous aller voir un concert?
애므히에 부 알레 부와흐 앵 꽁쎄흐

B : C'est vraiment une bonne idée.
쌔 브해멍 윈 본 이데

A : 우리 콘서트 보러 갈래요?

B : 그거 정말 좋은 생각입니다.

좋은 생각입니다.

C'est une bonne idée.
쌔 췬 본 이데

동의합니다.

Je suis d'accord.
쥬 쒸이 다꼬흐

같은 생각입니다.

J'ai la même opinion que vous.
줴 라 맴므 오삐니옹 끄 부

당신 의견과 전적으로 같습니다.

Je suis entièrement de votre avis.
쥬 쒸이 엉띠애흐멍 드 보트흐 아비

맞습니다.

C'est vrai.
쌔 브해

당신 말씀이 맞습니다.

Vous avez raison.
부 자베 해종

동감입니다.

Je partage votre opinion.
쥬 빠흐따쥬 보트흐 오삐니옹

저는 찬성입니다.

Je suis pour.
쥬 쒸이 뿌흐

공감합니다.

Je partage les mêmes idées.
쥬 빠흐따쥬 레 맴 지데

당신의 의견에 전적으로 동의합니다.

Je suis complètement d'accord avec vos idées.
쥬 쒸이 꽁쁠래뜨멍 다꼬흐 아백 보 지데

그럴 수도 있겠네요.

Ça pourrait être possible.
싸 뿌해 애트흐 뽀씨블르

물론이죠.

Bien sûr.
비앵 쒸흐

주요표현

A : On dit que Max se mariera le mois prochain.
옹 디 끄 막쓰 쓰 마히으하 르 무와 프호쉥

B : Vraiment?
브해멍

A : 막스가 다음 달에 결혼한대요.

B : 정말입니까?

더 얘기해 봐.

Dis-moi un peu plus.
디 무와 엥 쁘 쁠뤼쓰

정확해요.

C'est exact.
쌔 때그작

완전 잘 듣고 있어.

Je suis complètement à ton écoute.
쥬 쒸이 꽁쁠래뜨멍 아 똥 네꾸뜨

당연히 그렇죠.

Bien sûr que oui.
비앵 쒸흐 끄 위

좋습니다.

(Je suis) d'accord. / C'est entendu / Je veux bien.
(쥬 쒸이) 다꼬흐 쌔 떵떵뒤 쥬 브 비앵

100% 동의해요.

Je suis d'accord à 100%.
쥬 쒸이 다꼬흐 아 썽 뿌흐썽

제가 생각한 게 바로 그거예요.

C'est exactement ce que je pensais.
쌔 때그작뜨멍 쓰 끄 쥬 뻥쌔

듣고 보니 당신 말이 맞네요.

D'après ce que j'ai entendu, vous avez raison.
다프해 쓰 끄 줴 엉떵뒤 부 자베 해종

진짜예요?

C'est vrai?
쌔 브해

맹세해요.

Je jure.
쥬 쥐흐

정말 좋은 생각 같아요.

Je pense que c'est vraiment une bonne idée.
쥬 뻥쓰 끄 쌔 브해멍 윈 본 이데

그 부분은 의심할 여지가 없어요.

Il n'y a pas de doute là-dessus.
일니 아 빠 드 두뜨 라드쒸

3. 부정의 표현

주요표현

A : C'est bien ce numéro?
싸 비앵 쓰 뉘메호

B : Non, c'est un faux numéro.
농 쌔 뗑 포 뉘메호

A : 이 번호 맞습니까?

B : 아니요, 틀립니다.

전혀 다릅니다.

C'est complètement faux.
쌔 꽁쁠래뜨멍 포

아마 아닐 거예요.

Peut-être pas.
쁘때트흐 빠

그렇게 생각하지 않습니다.

Je ne le pense pas.
쥬 느 르 뻥쓰 빠

사실이 아닙니다.

Ce n'est pas vrai.
쓰 내 빠 브해

이제 됐습니다.

Ça suffit.
싸 쒸피

불가능합니다.

C'est impossible.
쌔 땡뽀씨블르

그건 안 되겠어요.

Ce ne sera pas possible.
쓰 느 쓰하 빠 뽀씨블르

뭐라고 대답해야 할지 모르겠네요.

Je ne sais pas quoi vous répondre.
쥬 느 쌔 빠 꾸와 부 헤뽕드흐

저는 그렇게 믿지 않습니다.

Je ne le crois pas.
쥬 느 르 크후와 빠

당신은 틀렸습니다.

Vous avez tort.
부 자베 또흐

저는 반대입니다.

Je suis contre.
쥬 쒸이 꽁트흐

거짓말하지 마.

Ne mens pas.
느 멍 빠

4. 기쁠 때

주요표현

A : J'ai réussi l'examen.
쥐 헤위씨 랙자맹

B : Je te félicite pour la réussite.
쥬 뜨 펠리씨뜨 뿌흐 라 헤위씨뜨

A : 저 시험에 붙었어요.

B : 해낸 걸 축하해!

저는 오늘 매우 기쁩니다.

Je suis très contente aujourd'hui.
쥬 쒸이 트해 꽁떵뜨 오쥬흐뒤

축하합니다.

Tous mes compliments.
뚜 메 꽁쁠리멍

정말 대단해요!

C'est vraiment formidable!
쌔 브해멍 포흐미다블르

감동했습니다.

J'ai été émue.
줴 에떼 에뮈

이것은 정말 좋은 소식입니다.

C'est vraiment une bonne nouvelle.
쌔 브해멍 윈 본 누밸

정말 기뻐요.

Je suis vraiment contente.

쥬 쒸이 브해멍 꽁떵뜨

이렇게 기쁠 수가 없어요.

Comme je suis contente.

꼼 쥬 쒸이 꽁떵뜨

그거 다행이네요.

Vous avez de la chance.

부 자베 드 라 셩쓰

기분 좋아.

Je suis de bonne humeur.

쥬 쒸이 드 본 위뫼흐

운이 좋았어요.

J'ai eu de la chance.

제 위 드 라 셩쓰

드디어!

Enfin!

엉팽

다 잘되길 바랍니다.

J'espère que tout ira bien.

재쓰빼흐 끄 뚜 띠하 비앵

5. 기분이 좋지 않을 때

주요표현

A : Mon grand-père est décédé hier soir.
몽 그헝 빼흐 애 데쎄데 이에흐 쑤와흐

B : Je suis sincèrement désolé.
쥬 쒸이 쌩쌔흐멍 데졸레

A : 어젯밤에 할아버지가 돌아가셨어요.

B : 유감이네요.

너무 슬퍼요.

Je suis vraiment triste.
쥬 쒸이 브해멍 트히쓰뜨

마음이 아파요.

Ça me fait de la peine.
싸 므 패 드 라 빼느

상황이 아주 나빠.

La situation est très mauvaise.
라 씨뛰아씨옹 애 트해 모배즈

날 신경 쓰지 마.

Ne t'inquiète pas pour moi.
느 땡끼애뜨 빠 뿌흐 무와

아무도 나를 이해 못해.

Personne ne me comprend.
빼흐쏜 느 므 꽁프헝

이미 지난 일이야. (이미 엎질러진 물이야.)

C'est du passé.
쌔 뒤 빠쎄

내 기분 풀어주려고 하지 마.

N'essaye pas de me remonter le moral.
내쌔유 빠 드 므 흐몽떼 르 모할

울고 싶어.

J'ai envie de pleurer.
줴 엉비 드 쁠르헤

눈물이 안 멈춰.

Mes larmes ne cessent de couler.
메 라흐므 느 쌔쓰 드 꿀레

제 마음이 답답합니다.

Je suis frustré.
쥬 쒸이 프휘쓰트헤

밤을 꼴딱 샜어요.

J'ai passé une nuit blanche.
줴 빠쎄 윈 뉘이 블렁슈

왜 저한테 화가 났어요?

Pourquoi êtes-vous fâché contre moi?
뿌흐꾸와 애뜨 부 파쉐 꽁트흐 무와

주요표현

A : J'ai été licenciée.
쥐 에떼 리썽씨에

B : Vraiment?
브해멍

A : 저 직장에서 해고됐어요.

B : 정말이에요?

아, 놀랐어!

Quelle surprise!
깰 씪흐프히즈

깜짝 놀랐잖아요.

Vous m'avez surprise.
부 마배 씪흐프히즈

놀래키지 마.

Ne me surprends pas.
느 므 씪흐프헝 빠

금시초문인데요.

C'est du nouveau.
쌔 뒤 누보

정말 믿을 수가 없네요.

C'est absolument incroyable.
쌔 따브쏠뤼멍 앵크후와야블르

나 화났어.

Je suis fâchée.
쥬 쒸이 파쉐

신경질 나.

Ça m'énerve.
싸 메내흐브

하나도 안 웃겨.

Ce n'est pas drôle du tout.
쓰 내 빠 드홀르 뒤 뚜

나 좀 혼자 내버려 둬.

Laisse-moi toute seule.
래쓰 무와 뚜뜨 쐴르

너 실망이야.

Tu me déçois.
뛰 므 데쑤와

날 더 기대하게 하지 마.

Ne me fais plus espérer.
느 므 패 쁠뤼 애쓰뻬헤

더 이상 참을 수 없어.

Je ne peux plus supporter.
쥬 느 쁘 쁠뤼 쒸뽀흐떼

주요표현

A : Oh mon Dieu!
오 몽 디유

B : Qu'est-ce qu'il y a?
깨 쓰 낄리 야

A : 오, 하느님!

B : 무슨 일이세요?

이거 정말 싫어요.

Je déteste vraiment ça.
쥬 데때스뜨 브해멍 싸

어떡하죠?

Que devrais-je faire?
끄 드브해 쥬 패흐

받아들일 수 없군요.

C'est inadmissible.
쌔 띠나드미씨블르

믿을 수 없군요.

C'est incroyable.
쌔 땡크후와야블르

더 이상 견딜 수 없어요.

Je ne peux plus supporter.
쥬 느 뿌 쁠뤼 쒸뽀흐떼

진정하세요.

Calmez-vous.
깔메 부

이게 뭐지요!

Qu'est-ce que c'est que ça!
깨 쓰 끄 쌔 끄 싸

사실이 아니야.

Ce n'est pas vrai.
쓰 내 빠 브해

장난하세요!

Vous plaisantez!
부 뿔래정떼

포기한다.

Je laisse tomber.
쥬 래쓰 똥베

▶**부정문 만들기**

주어 ne 동사 pas : ~ 않는다
주어 ne 동사 plus : 더 이상 ~ 않는다
주어 ne 동사 jamais : 절대 ~ 않는다
주어 ne 동사 rien : 아무것도 ~ 않는다

8. 위로할 때

주요표현

A : Pourquoi êtes-vous déprimé?
뿌흐꾸와 애뜨 부 데프히메

B : Je crois que j'ai fait une erreur.
쥬 크후와 끄 줴 패 윈 애회흐

A : 왜 풀이 죽어 있어요?

B : 실수를 한 것 같아요.

문제가 생겼어요.

J'ai un problème.
줴 엥 프호블램

용기를 가져요!

Ayez du courage!
애이예 뒤 꾸하쥬

별일 아니에요.

Ce n'est pas si grave.
쓰 내 빠 씨 그하브

모두에게 일어날 수 있는 일이에요.

Ça peut arriver à tout le monde.
싸 쁘 아히베 아 뚜 르 몽드

세상이 끝나는 건 아니에요.

Ce n'est pas la fin du monde.
쓰 내 빠 라 팽 뒤 몽드

걱정하지 마세요.

Ne vous inquiétez pas.
느 부 쟁끼에떼 빠

긍정적인 부분을 보세요.

Regardez le bon côté des choses.
흐가흐데 르 봉 꼬떼 데 쇼즈

슬퍼하지 말아요.

Ne soyez pas triste.
느 쑤와예 빠 트히스뜨

화내지 말아요.

Ne vous fâchez pas.
느 부 파쉐 빠

실망하지 말아요.

Ne soyez pas déçu.
느 쑤와예 빠 데쒸

▶ **'être ~이다'의 명령법**

Sois gentil! 친절해 봐!

Soyons gentil! 친절해 보자[봅시다]!

Soyez gentil! 친절해 보세요!

9. 칭찬할 때

주요표현

A : C'est moi qui ai fait la cuisine.
쌔 무와 끼 애 패 라 뀌진

B : C'est chouette. Ça a l'air bon.
쌔 슈앳뜨 싸 아 래흐 봉

A : 이거 제가 요리했어요.

B : 멋지네요. 맛있어 보여요.

대단하네요!

C'est génial!
쌔 제니알

훌륭하네요!

C'est extraordinaire!
쌔 땍쓰트하오흐디내흐

네(남자)가 최고야. / 네(여자)가 최고야.

Tu es le meilleur. / Tu es la meilleure.
뛰 애 르 매이외 뛰 애 라 매이외흐

당신은 정말 친절하시네요.

Vous êtes vraiment aimable.
부 재뜨 브해멍 애마블르

잘했습니다.

Bien joué!
비앵 주에

나는 당신이 자랑스럽습니다.

Je suis fière de vous.

쥬 쒸이 피애흐 드 부

네게서 좋은 향기가 난다.

Tu sens bon.

뛰 썽 봉

넌 옷을 정말 잘 입는다.

Tu t'habilles vraiment bien.

뛰 따비유 브해멍 비앵

넌 오늘 너무 아름답다.

Tu es vraiment belle.

뛰 애 브해멍 밸르

난 널 믿어.

Je te fais confiance.

쥬 뜨 패 꽁피엉쓰

넌(남자[여자]) 재미있어.

Tu es vraiment amusant[amusante].

뛰 애 브해멍 아뮈정 아뮈정뜨

늘 너한테 많이 배운다.

J'apprends toujours beaucoup de choses avec toi.

자프헝 뚜쥬흐 보꾸 드 쇼즈 아백 뚜와

---

10. 사과할 때

주요표현

A : Excusez-moi de vous déranger.
액쓰뀌제 무와 드 부 데헝제

B : Je vous en prie.
쥬 부 정 프히

A : 방해해서 죄송해요.
B : 천만에요.

약속을 펑크 내서 죄송해요.

Excusez-moi d'avoir manqué le rendez-vous.
액쓰뀌제 무아 다부아흐 멍께 르 헝데 부

늦어서 죄송합니다.

Je suis désolée d'être en retard.
쥬 쒸이 데졸레 대트흐 엉 흐따흐

세상이 끝나는 건 아니야.

Ce n'est pas la fin du monde.
쓰 내 빠 라 팽 뒤 몽드

그건 별것 아니야.

Ça n'a aucune importance.
싸 나 오뀐느 앵뽀흐떵쓰

괜찮습니다, 부인.

Il n'y a pas de mal madame.
일 니 아 빠 드 말 마담

오래 기다리시게 해서 죄송합니다.

Je suis désolée de vous faire attendre longtemps.
쥬 쒸이 데졸레 드 부 패흐 아떵드흐 롱떵

당신 잘못이 아니에요.

Ce n'est pas votre faute.
쓰 내 빠 보트흐 포뜨

더 이상 그것을 생각하지 맙시다, 지나간 것은 지나간 것입니다.

N'y pensons plus, ce qui est passé est passé.
니 뻥쏭 쁠뤼 쓰 끼 애 빠쎄 애 빠쎄

사과드립니다.

Je vous présente mes excuses.
쥬 부 프헤정뜨 메 잭쓰뀌즈

일부러 그런 것이 아닙니다.

Je ne l'ai pas fait exprès.
쥬 느 래 빠 패 액쓰프해

'ne+동사+aucun(e)'는 '하나도, 어떠한'이라는 뜻으로 부정할 때 사용합니다.

- ne+동사+aucun+남성명사
  Je n'ai aucun pantalon. 바지가 하나도 없다(어떠한 바지도 없다).
- ne+동사+aucune+여성명사
  Je n'ai aucune jupe. 치마가 하나도 없다(어떠한 치마도 없다).

11. 감사할 때

주요표현

A : Merci.
매흐씨

B : Je vous en prie.
쥬 부 정 프히

A : 감사합니다.

B : 천만에요.

대단히 감사합니다.

Merci beaucoup.
매흐씨 보꾸

감사드립니다.

Je vous en remercie.
쥬 부 정 흐메흐씨

도움에 감사드립니다.

Merci de votre aide.
매흐씨 드 보트흐 애드

선물 감사드립니다.

Merci pour le cadeau.
매흐씨 뿌흐 르 꺄도

많이 고마워.

Je te remercie beaucoup.
쥬 뜨 흐메흐씨 보꾸

천만에요.

Je vous en prie.
쥬 부 정 프히

천만에.

Je t'en prie.
쥬 떠 프히

천만에.

De rien.
드 히앵

기꺼이.

Avec plaisir.
아배크 쁠래지흐

별것 아니에요.

C'est vraiment peu de chose.
쌔 브해멍 쁘 드 쇼즈

대단히 감사합니다. / 마음으로부터 감사드립니다.

Je vous remercie de tout mon cœur.
쥬 부 흐메흐씨 드 뚜 몽 꾀흐

당신 덕분입니다.

C'est grâce à vous.
쌔 그하쓰 아 부

주요표현

A : Pourrais-je conduire lentement?
뿌해 쥬 꽁뒤흐 렁뜨멍

B : Non, c'est dangereux. Arrêtez la voiture.
농 쌔 덩즈흐 아해떼 라 부와뛰흐

A : 천천히 운전하면 될까요?

B : 아니요, 위험해요. 차 세우세요.

여기서 담배를 피워도 될까요?

Pourrais-je fumer ici?
뿌해 쥬 퓌메 이씨

네, 아저씨.

Oui, monsieur.
위 므씨으

아니요, 안 됩니다.

Non, vous ne pouvez pas.
농 부 느 뿌베 빠

여기서 담배 피우는 것은 금지되어 있습니다.

Il est interdit de fumer ici.
일 애 땡때흐디 드 퓌메 이씨

여기서 사진 찍어도 됩니까?

Puis-je prendre une photo ici?
쀠 쥬 프헝드흐 윈 포또 이씨

들어가지 마세요.

N'entrez pas.

넝트헤 빠

이곳은 주차 금지입니다.

Il est défendu de stationner ici.

일 애 데펑뒤 드 쓰따씨온네 이씨

여기에 주차할 수 없습니다.

Vous ne pouvez pas garer la voiture ici.

부 느 뿌베 빠 가헤 라 부와뛰흐 이씨

잔디 위로 걷지 마세요.

Ne marchez pas sur la pelouse.

느 마흐쉐 빠 쒸흐 라 뻘루즈

술을 마시는 게 허락되지 않았습니다.

Il n'est pas permis de boire de l'alcool.

일 내 빠 빼흐미 드 부와흐 드 랄꼴

▶금지를 표현하는 il(비인칭) 구조

Il est interdit de+동사원형 : ~하는 것이 금지되어 있습니다

Il n'est pas permis de+동사원형 : ~하는 것이 허락되어 있지 않습니다

Il est défendu de+동사원형 : ~하는 것이 금지되어 있습니다

13. 거절할 때

주요표현

A : Pourrais-je prendre une photo ici?
뿌해 쥬 프헝드흐 윈 포또 이씨

B : Non. C'est interdit.
농 쌔 땡때흐디

A : 여기서 사진 찍어도 됩니까?

B : 아니요. 금지되어 있습니다.

제가 오늘은 너무 바빠요.

Je suis très occupé aujourd'hui.
쥬 쒸이 트해 조뀌뻬 오쥬흐뒤

죄송하지만 오늘은 약속이 있어서요.

Je suis désolé mais je suis pris.
쥬 쒸이 데졸레 매 쥬 쒸이 프히

유감스럽지만 갈 수 없습니다.

Je regrette mais je ne peux pas aller.
쥬 흐그햇뜨 매 쥬 느 쁘 빠 알레

나도 그러고 싶은데 다른 계획이 있어.

J'aimerais bien mais j'ai un autre projet.
재므해 비앵 매 줴 앵 노트흐 프호줴

미안. 다음에.

Désolé. Une prochaine fois j'espère.
데졸레 윈 프호쉔 푸와 재쓰빼흐

조금 어려울 것 같습니다.

Ce serait un peu difficile.
쓰 쓰해 엥 쁘 디피씰

농담으로라도 안 돼요.

Non, même s'il s'agit d'une blague.
농 맴 씰 싸쥐 뒨 블라그

시간이 필요해요.

J'ai besoin de temps.
줴 브주앵 드 떵

내일 답을 드리겠습니다.

Je vous donnerai la réponse demain.
쥬 부 돈느해 라 헤뽕쓰 드맹

그건 곤란합니다.

Je suis désolé de devoir refuser.
쥬 쒸이 데졸레 드 드부와흐 흐퓌제

14. 부탁할 때

주요표현

A : J'ai une faveur à vous demander.
쥀 윈 파뵈흐 아 부 드멍데

B : Bien sûr, madame.
비앵 쒸흐 마담

A : 부탁 하나 들어주실 수 있나요?

B : 예, 그러세요.

당신에게 부탁이 있습니다.

J'ai un service à vous demander.
줴 앵 쌔흐비쓰 아 부 드멍데

제가 당신에게 도움을 청합니다.

J'aimerais vous demander de l'aide.
줴므해 부 드멍데 드 래드

제가 내일 당신의 차를 쓸 수 있을까요?

Pourrais-je prendre votre voiture demain?
뿌해 쥬 프헝드흐 보트흐 부와뛰흐 드맹

주소 좀 가르쳐주시겠어요?

Pourriez-vous me donner votre adresse?
뿌히에 부 므 돈네 보트흐 아드해쓰

저 좀 태워주실 수 있나요?

Pourriez-vous me déposer?
뿌히에 부 므 데뽀제

내일 저를 데리러 와주시겠습니까?

Pourriez-vous venir me chercher demain?

뿌히에 부 브니흐 므 쉐흐쉐 드맹

오늘 저녁에 전화 좀 해주시겠어요?

Pourriez-vous m'appeler ce soir?

뿌히에 부 마쁠레 쓰 쑤와흐

뭐 좀 물어봐도 돼요?

Pourrais-je vous demander quelque chose?

뿌해 쥬 부 드멍데 깰끄 쇼즈

혹시 당신 자전거 좀 빌릴 수 있나요?

Pourrais-je emprunter votre vélo?

뿌해 쥬 엉프행떼 보트흐 벨로

물론이지요.

Évidemment. / Bien sûr.

에비다멍 비앵 쒸흐

부탁 하나 드려도 될까요?

Pourrais-je vous demander un service?

뿌해 쥬 부 드멍데 엥 쎄흐비쓰

저를 도와주실 수 있나요?

Pourriez-vous m'aider?

뿌히에 부 매데

15. 외모에 대한 표현

주요표현

A : Qui est ce monsieur?
끼 애 쓰 므씨으

B : C'est mon supérieur hiérarchique.
쌔 몽 쒸뻬히외흐 이에하흐쉬끄

A : 저 남자분은 누구입니까?

B : 제 상사예요.

당신의 여자 친구는 어떤 사람이에요?

Comment est votre petite amie?
꼬멍 애 보트흐 쁘띠뜨 아미

그녀는 날씬합니다.

Elle est mince.
앨 애 맹쓰

그녀는 피부가 곱습니다.

Elle a une peau douce et lisse.
앨 아 윈 뽀 두쓰 애 리쓰

나에게는 세상에서 제일 아름다운 여자예요.

C'est la plus belle femme du monde pour moi.
쌔 라 쁠뤼 밸 팜므 뒤 몽드 뿌흐 무와

그녀는 재밌고 유머감각이 있어요.

Elle est amusante et a le sens de l'humour.
앨 애 따뮈정뜨 애 아 르 썽쓰 드 뤼무흐

당신은 체중이 어떻게 되나요?

Vous pesez combien?
부 쁘제 꽁비앵

저는 70키로입니다.

Je pèse soixante-dix kilos.
쥬 빼즈 쑤와썽뜨 디 낄로

나는 날씬한 배를 가지고 싶어요.

J'aimerais avoir un ventre plat.
줴므해 아부와흐 엥 벙트흐 쁠라

나는 뚱뚱합니다.

Je suis gros.
쥬 쒸이 그호

키가 어떻게 되세요?

Vous mesurez combien?
부 므쥐헤 꽁비앵

저는 180센티미터입니다.

Je mesure 1m80.
쥬 므쥐흐 앵메트흐 꺄트흐뱅

나는 키가 큽[작습]니다.

Je suis grand[petit].
쥬 쒸이 그헝 쁘띠

16. 성격에 대한 표현

주요표현

A : François est comment?
프헝쑤와 애 꼬멍

B : C'est quelqu'un de très gentil.
쌔 깰깽 드 트해 정띠

A : 프랑수아는 어떤 사람입니까?

B : 굉장히 친절한 사람입니다.

그의 성격은 어떻습니까?

Comment est son caractère?
꼬멍 애 쏭 까학때흐

마음이 따뜻한 사람이에요.

Il a bon coeur.
일 아 봉 꾀흐

저는 그와 잘 안 맞아요.

Je ne m'entends pas bien avec lui.
쥬 느 멍떵 빠 비앵 아백 뤼이

그녀는 성격이 조금 급해요.

Elle est impatiente.
앨 애 앵빠씨엉뜨

그녀는 완벽주의자입니다.

C'est une perfectionniste.
쌔 쥔 빼흐팩씨오니스뜨

그는 정말 차가운 사람이야.

Il a une pierre à la place du coeur.
일 아 윈 삐애흐 아 라 쁠라쓰 뒤 꾀흐

저는 사교적이에요.

Je suis sociable.
쥬 쒸이 쏘씨아블르

그녀는 유머감각이 좋아.

Elle a un bon sens de l'humour.
앨 아 앵 봉 썽쓰 드 뤼무흐

그는 늘 트집을 잡아요.

Il cherche toujours des histoires.
일 쉐흐슈 뚜쥬흐 데 지스뚜와흐

당신들은 서로 잘 맞을 것 같아요.

Je pense que vous vous entendrez bien.
쥬 뻥쓰 끄 부 부 정떵드헤 비앵

우리는 개방적인 사람들이야.

Nous sommes des personnes ouvertes.
누 쏨 데 빼흐쏜 우배흐뜨

나는 당신이 생각하는 것보다 강한 사람이야.

Je suis une personne plus forte que vous l'espérez.
쥬 쒸이 쥔 빼흐쏜 쁠뤼 포흐뜨 끄 부 래쓰뻬헤

---

17. 호감을 나타낼 때

주요표현

A : M. Granville, êtes-vous libre ce soir?
므씨으 그헝빌 애뜨 부 리브흐 쓰 쑤와흐

B : Bien sûr que oui.
비앵 쒸흐 끄 위

A : 그랑빌 씨, 오늘 저녁에 시간 되시나요?

B : 물론이지요.

오늘 저녁에 무엇을 하시나요?

Que faites-vous ce soir?
끄 패뜨 부 쓰 쑤와흐

오늘 저녁에 약속이라도 잡아두신 게 있나요?

Avez-vous prévu quelque chose pour ce soir?
아베 부 프헤뷔 깰끄 쇼즈 뿌흐 쓰 쑤와흐

당신을 저녁 식사에 초대하고 싶습니다.

Je voudrais bien vous inviter à dîner.
쥬 부드해 비앵 부 쟁비떼 아 디네

죄송해요, 약속이 있네요.

Je suis désolé, je suis déjà pris.
쥬 쒸이 데졸레 쥬 쒸이 데쟈 프히

그러면 내일은 어떠세요?

Qu'en dites-vous demain alors?
껑 디뜨 부 드맹 아로흐

어디에서 몇 시에 만날까요?

On se retrouve où et à quelle heure?
옹 쓰 흐트후브 우 에 아 깰 뢰흐

8시 반경에요.

Vers huit heures et demie.
베흐 윗 뙤흐 에 드미

내일 콘서트 자리가 두 개 있어요. 같이 가실래요?

J'ai deux places pour le concert de demain. Ça vous intéresse de venir?
줴 드 쁠라쓰 뿌흐 르 꽁쌔흐 드 드맹 싸 부 쟁떼해쓰 드 브니흐

저를 데리러 오실 수 있나요? 제가 차가 없어요.

Vous pourriez venir me chercher? Je n'ai pas de voiture.
부 뿌히에 브니흐 므 쉐흐쉐 쥬 내 빠 드 부와뛰흐

물론이지요. 모시러 가겠습니다.

Bien sûr. Je passe vous prendre.
비앵 쒸흐 쥬 빠쓰 부 프헝드흐

친절에 대해 정말 감사드립니다.

Merci, c'est vraiment gentil de votre part.
매흐쓰 쌔 브해멍 졍띠 드 보트흐 빠흐

관련단어

감정 표현

émotion	에모씨옹	女 감정
sentiment	썽띠멍	男 느낌
amour	아무흐	男 사랑
aimer	애메	사랑하다, 좋아하다
heureux	으흐	행복한
joyeux	주와이유	즐거운
content	꽁떵	기쁜
merveilleux	매흐배이유	놀라운
beau	보	아름다운
fantastique	펑따스띠끄	환상적인
magnifique	마니피끄	굉장한
bon	봉	좋은
joli	졸리	예쁜
mignon	미뇽	귀여운
charmant	샤흐멍	매력적인
excité	액씨떼	흥분한
surpris	쒸흐프히	놀람
mauvais	모배	나쁜
malheureux	말르흐	불행한
pleurer	쁠르헤	울다
affreux	아프흐	끔찍한, 무시무시한
triste	트히스뜨	슬픈
désolé	데졸레	미안한, 유감인
dégueulasse	데글라쓰	역겨운
dégoûtant	데구떵	징그러운
haine	앤느	女 미움, 증오

détestable	데때스따블르	미운
fâché	파쉐	화난
déprimé	데프히메	울적한
misérable	미제하블르	비참한
déçu	데쒸	실망스런
embarrassé	엉바하쎄	당황한, 난처한
seul	쐴	외로운

외모

apparence	아빠형쓰	囡 외모
beau	보	멋진
belle	밸	아름다운
charmant	샤흐멍	매력적인
sexy	쌕씨	섹시한
mignon	미뇽	귀여운
gros	그호	뚱뚱한
mince	맹쓰	마른
blond	블롱	금발의
brun	브헹	밤색인
laid	래	못생긴

치수

dimension	디멍씨옹	囡 치수, 차원
poids	뿌와	男 무게
taille	따이유	囡 크기, 사이즈
hauteur	오뙤흐	囡 높이

관련단어

largeur	라흐죄흐	女 넓이
profondeur	프호퐁되흐	女 깊이
longueur	롱괴흐	女 길이
distance	디스떵쓰	女 거리
volume	볼륌므	男 부피
superficie	쒸뻬흐피씨	女 면적
mètre carré	매트흐 까헤	男 제곱미터
mètre cube	매트흐 뀌브	男 세제곱미터

4장

일상생활

1. 학교 생활
2. 회사 생활
3. 주거
4. 휴가 계획
5. 취미 생활
6. 스포츠
7. 병원에서
8. 약국에서
9. 우체국에서
10. 미용실에서
11. 도서관에서
12. 은행에서
13. 극장에서

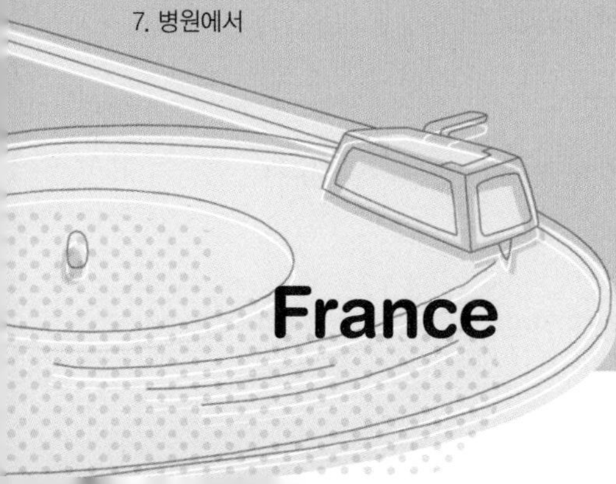

1. 학교 생활

주요표현

A : Comment allez-vous à l'école?
꼬멍 알레 부 아 레꼴르

B : J'y vais en métro ou en bus.
쥐 배 엉 메트호 우 엉 뷔쓰

A : 학교에 어떻게 가나요?

B : (거기에) 전철이나 버스로 갑니다.

학교 버스를 탑니다.

Je prend l'autobus scolaire.
쥬 프헝 로또뷔쓰 스꼴래흐

우리는 걸어서 학교에 갑니다.

Nous allons à l'école à pied.
누 잘롱 아 레꼴르 아 삐에

저는 자전거로 갑니다.

Je vais à vélo.
쥬 배 아 벨로

저는 아이들을 학교에 데려다 줍니다.

Je dépose mes enfants à l'école.
쥬 데뽀즈 메 정펑 아 레꼴르

당신이 다니는 학교는 공립입니까?

L'école où vous allez est une école publique?
레꼴르 우 부 잘레 애 튄 에꼴르 쀠블리끄

당신의 학교는 집에서 먼가요?

Votre école est loin de chez vous?

보트흐 에꼴르 애 루앵 드 쉐 부

아니요, 집에서 멀지 않습니다.

Non, ce n'est pas loin de chez moi.

농 쓰 내 빠 루앵 드 쉐 무와

학교는 200미터에 있습니다.

L'école est à 200 mètres.

레꼴르 애 따 드썽 매트흐

도서관은 어디에 있나요?

Où est la bibliothèque?

우 애 라 비빌리오때끄

도서관은 캠퍼스 중간에 있습니다.

La bibliothèque est au centre du campus.

라 비빌리오때끄 애 또 썽트흐 뒤 껑쀠쓰

'~으로 간다'를 표현할 때에는 자동차, 택시, 버스, 전철과 같이 내부에 탑승하는 경우 en을 사용하고, 외부에 탑승하는 경우 à를 씁니다.

aller en voiture 자동차로 가다

aller en métro 전철로 가다

aller à pied 걸어서 가다

aller à vélo 자전거로 가다

주요표현

A : Cela fait 10 ans que je travaille ici.
쓸라 패 디 정 끄 쥬 트하바이 이씨

B : Vous êtes une employée sérieuse.
부 재뜨 윈 엉쁠루와예 쎄히외즈

A : 여기에서 일한 지 10년 됐습니다.

B : 성실한 직원이시군요.

언제 일을 시작하셨나요?

Quand avez-vous commencé le travail?
껑 아베 부 꼬멍쎄 르 트하바이

여기서 일한 지 오래됐나요?

Cela fait longtemps que vous travaillez ici?
쓸라 패 롱떵 끄 부 트하바이예 이씨

주당 몇 시간을 일하시나요?

Combien d'heures travaillez-vous par semaine?
꽁비앵 되흐 트하바이예 부 빠흐 쓰맨(느)

저는 평균적으로 하루에 7시간을 일해요.

Je travaille en moyenne 7 heures par jour.
쥬 트하바이 엉 무와옌 쌧 뙤흐 빠흐 쥬흐

출장을 자주 가시나요?

Vous partez souvent en voyage d'affaires?
부 빠흐떼 쑤벙 엉 부와야쥬 다패흐

심지어 해외로도 아주 자주 갑니다.

Je vais même très souvent à l'étranger.
쥬 배 맴(므) 트해 쑤벙 아 레트헝줴

임신한 여직원들은 출산휴가를 받을 자격이 있습니다.

Les salariées enceintes ont droit à un congé de maternité.
레 쌀라히에 엉쌩뜨 옹 드후와 아 엥 꽁제 드 마때흐니떼

원하시면 자택근무를 하실 수 있으세요.

Si vous désirez vous pouvez travailler à domicile.
씨 부 데지헤 부 뿌베 트하바이예 아 도미씰

일에 만족하십니까?

Êtes-vous satisfaite de votre travail?
애뜨 부 싸띠쓰패뜨 드 보트흐 트하바이

저는 정말 만족합니다.

Je suis tout à fait satisfaite.
쥬 쒸이 뚜 따 패 싸띠쓰패뜨

제 일로 항상 스트레스를 받습니다.

Je suis toujours stressée par mon travail.
쥬 쒸이 뚜쥬흐 쓰트헤쎄 빠흐 몽 트하바이

주요표현

A : La maison fait combien de mètres carrés?
라 매종 패 꽁비앵 드 매트흐 까헤

B : Elle fait à peu près cinquante-huit mètres carrés.
앨 패 아 쁘 프해 쌩껑뜨 위 매트흐 까헤

A : 집은 몇 제곱미터인가요?

B : 58제곱미터입니다.

전통 한옥입니다.

C'est une maison traditionnelle coréenne.
쌔 췬 매종 트하디씨오낼르 꼬헤옌느

매우 조용한 환경에 위치해 있습니다.

Elle est située dans un environnement très calme.
앨 애 씨뛰에 덩 젱 넝비혼느멍 트해 깔므

저는 시골에서 살아요.

J'habite à la campagne.
쟈비뜨 아 라 껑빠뉴

당신의 정원은 정말 멋집니다.

Votre jardin est vraiment beau.
보트흐 쟈흐댕 애 브해멍 보

우리는 자기 전에 여기서 차를 마십니다.

Nous buvons du thé ici avant de dormir.
누 뷔봉 뒤 떼 이씨 아벙 드 도흐미흐

빛이 많습니다.

Il y a beaucoup de lumière.
일리야 보꾸 드 뤼미애흐

부엌은 어디에 있나요?

Où est la cuisine?
우 애 라 뀌진느

이쪽에 있습니다.

C'est par là.
쌔 빠흐 라

방은 몇 개입니까?

Il y a combien de chambres?
일리야 꽁비앵 드 셩브흐

저희는 방이 2개 있습니다.

Nous avons deux chambres.
누 자봉 드 셩브흐

'Il y a ~가 있다' 뒤에 명사를 쓰는 경우, 보통 부정관사와 함께 쓰이며 복수관사와 복수명사가 오더라도 Il y a는 불변합니다.

Il y a une femme. 여성이 한 명 있습니다.
Il y a un chien. 개가 한 마리 있습니다.
Il y a des femmes. 여성들이 있습니다.
Il y a des chiens. 개들이 있습니다.

4. 휴가 계획

주요표현

A : Que feriez-vous pendant les vacances?
끄 프히애 부 뻥덩 레 바껑쓰

B : Je voyagerai à l'étranger.
쥬 부와아쥬해 아 레트헝줴

A : 휴가 동안 무엇을 하실 건가요?
B : 해외로 여행을 갈 것입니다.

휴가를 며칠 간 보내실 건가요?

Vous prendrez combien de jours de vacances?
부 프헝드헤 꽁비앵 드 쥬흐 드 바껑쓰

저는 일주일 동안 휴가입니다.

J'ai une semaine de congé.
줴 윈(느) 쓰맨느 드 꽁제

가족과 스위스로 갈 예정입니다.

J'ai prévu d'aller en Suisse avec ma famille.
줴 프헤뷔 달레 엉 쓰위쓰 아백끄 마 파미유

저는 런던에 갈 것입니다.

J'irai à Londres.
지해 아 롱드흐

저는 쉴 의향입니다.

J'ai l'intention de me reposer.
줴 랭떵씨옹 드 므 흐뽀제

하루종일 텔레비전을 볼 것입니다.

Je regarderai la télé toute la journée.
쥬 흐가흐드해 라 뗄레 뚜뜨 라 쥬흐네

기운을 되찾을 수 있길 바랍니다.

J'espère pouvoir reprendre de l'énergie.
줴쓰빼흐 뿌부와흐 흐프헝드흐 드 레내흐지

지금은 예정된 게 아무것도 없습니다.

Pour l'instant rien n'est prévu.
뿌흐 랭쓰떵 히앵 내 프헤뷔

저는 2주의 유급휴가를 보냅니다.

Je prends 2 semaines de congés payés.
쥬 프헝 드 쓰맨(느) 드 꽁제 뻬이예

저는 일 때문에 쉬지 못합니다.

Je ne peux pas me reposer à cause du travail.
쥬 느 쁘 빠 므 흐뽀제 아 꼬즈 뒤 트하바이

국가 명사의 성별에 따라 '~에, ~에서'가 달라집니다. 여성 성별 국가에는 en, 남성 성별 국가에는 au, 복수 국가의 경우에는 aux를 씁니다.

Je vais en France. 저는 프랑스에 갑니다. ← 여성 국가
Je vais au Japon. 저는 일본에 갑니다. ← 남성 국가
Je vais aux États-Unis. 저는 미국에 갑니다. ← 복수 국가

주요표현

A : Quels sont vos loisirs?
깰 쏭 보 루와지흐

B : Je suis cinéphile.
쥬 쒸이 씨네필르

A : 취미가 무엇입니까?

B : 저는 영화광입니다.

무엇이 당신을 가장 흥미롭게 하나요?

Qu'est-ce qui vous intéresse le plus?
깨 쓰 끼 부 쟁떼해쓰 르 쁠뤼쓰

저는 클래식 음악에 관심이 있습니다.

Je m'intéresse à la musique classique.
쥬 맹떼해쓰 아 라 뮈지끄 끌라씨끄

저는 소설책을 하나 읽습니다.

Je lis un roman.
쥬 리 엥 호멍

제 아이들은 비디오 게임을 합니다.

Mes enfants jouent à des jeux vidéo.
메 정펑 주 아 데 즈 비데오

어떤 스포츠를 좋아하시나요?

Qu'est-ce que vous aimez comme sport?
깨 쓰 끄 부 재메 꼼 쓰뽀흐

저는 축구를 좋아합니다.

J'adore le foot.

쟈도흐 르 푸뜨

저는 헬스장에서 운동을 합니다.

Je fais du sport dans un club de gym.

쥬 패 뒤 쓰뽀흐 덩 젱 끌럽 드 짐

제 남편은 테니스를 하는데 그는 매우 잘합니다.

Mon mari fait du tennis et il joue très bien.

몽 마히 패 뒤 떼니쓰 에 일 주 트해 비앵

저는 수영을 일주일에 세 번 합니다.

Je fais de la natation trois fois par jour.

쥬 패 드 라 나따씨옹 트후와 푸와 빠흐 쥬흐

저는 주말에 걷기를 합니다.

Je fais de la marche le week-end.

쥬 패 드 라 마흐슈 르 위캔드

▶ '(운동)을 하다'를 표현하기 : faire+부분관사+운동 명사

Je fais du yoga. 저는 요가를 합니다.

Je fais de l'équitation. 저는 승마를 합니다.

주요표현

A : Vous faites du sport?
부 패뜨 뒤 스뽀흐

B : J'aime faire du foot(ball).
잼 패흐 뒤 푸트(볼)

A : 운동을 하시나요?

B : 예, 축구를 즐깁니다.

스포츠 좋아하세요?

Aimez-vous le sport?
애메 부 르 스뽀흐

저는 모든 스포츠를 다 좋아합니다.

J'aime tous les sports.
잼 뚜 레 스뽀흐

좋아하는 운동이 무엇입니까?

Qu'est-ce que vous aimez comme sport?
깨 쓰 끄 부 재메 꼼 스뽀흐

내가 좋아하는 운동은 수영입니다.

Le sport que j'aime est la natation.
르 스뽀흐 끄 잼 애 라 나따씨옹

어떤 운동을 하십니까?

Qu'est-ce que vous faites comme sport?
깨 쓰 끄 부 패뜨 꼼 스뽀흐

축구를 즐깁니다.

J'aime jouer au foot(ball).
잼 주에 오 푸트(볼)

축구를 자주 하십니까?

Vous jouez souvent au foot(ball)?
부 주에 쑤벙 오 푸트(볼)

일주일에 한두 번 합니다.

J'en fais une ou deux fois par semaine.
정 패 윈 우 드 푸와 빠흐 쓰맨

아뇨, 축구에는 관심이 없어요.

Non, je ne m'intéresse pas au foot(ball).
농 쥬 느 맹떼헤쓰 빠 오 푸트(볼)

테니스 하는 것도 좋아하세요?

Aimez-vous jouer au tennis aussi?
애메 부 주에 오 떼니쓰 오씨

주요표현

A : Où avez-vous mal?
우 아베 부 말

B : J'ai de la fièvre.
줴 드 라 피애브흐

A : 어디가 아프신가요?

B : 열이 있습니다.

아픕니다.

Je suis malade.
쥬 쒸이 말라드

여기가 아픕니다.

J'ai mal ici.
줴 말 이씨

쉴 새 없이 기침을 합니다.

Je tousse sans arrêt.
쥬 뚜쓰 썽 자해

재채기를 합니다.

J'éternue.
제때흐뉘

혈압을 재드리겠습니다.

Je vais prendre votre tension.
쥬 배 프헝드흐 보트흐 떵씨옹

언제부터 아프신가요?

Depuis quand avez-vous mal?
드쀠 껑 아베 부 말

진찰해 드리겠습니다.

Je vais vous examiner.
쥬 배 부 잭자미네

콧물이 납니다.

J'ai le nez qui coule.
줴 르 네 끼 꿀르

어지럼증이 있어요.

J'ai des vertiges.
줴 데 베흐띠쥬

약을 처방해 드리겠습니다.

Je vais vous prescrire des médicaments.
쥬 배 부 프해스크히흐 데 메디까멍

▶아픈 곳을 표현하기 : avoir(현재시제)+mal+à+정관사+신체부위
J'ai mal à la gorge. 목(구멍)이 아픕니다.
J'ai mal au ventre. 배가 아픕니다.
J'ai mal aux yeux. 눈이 아픕니다.

8. 약국에서

주요표현

A : Avez-vous un remède pour le mal de tête?
아베 부 엥 흐매드 뿌흐 르 말 드 때뜨

B : Attendez un instant s'il vous plaît.
아떵데 엥 냉쓰떵 씰 부 쁠래

A : 두통약 있습니까?

B : 잠시만 기다려 주세요.

기침에 관한 약 있습니까?

Avez-vous quelque chose pour la toux?
아베 부 깰그 쇼즈 뿌흐 라 뚜

시럽으로 된 것이 있습니다.

Nous avons du sirop.
누 자봉 뒤 씨호

지금 복용하시는 약이 있으신가요?

Y a-t-il des médicaments que vous prenez en ce moment?
이 아띨 데 메디까멍 끄 부 프흐네 엉 쓰 모멍

하루에 세 번 이 약을 드세요.

Prenez ce médicament trois fois par jour.
프흐네 쓰 메디까멍 트후와 푸와 빠흐 쥬흐

식사 후 두 알을 드세요.

Prenez deux comprimés après le repas.
프흐네 드 꽁프히메 아프해 르 흐빠

이 약은 부작용이 없나요?

Ce médicament n'a pas d'effet secondaire?
쓰 메디까멍 나 빠 데패 쓰공대흐

하루에 몇 알을 복용해야 하나요?

Combien de comprimés dois-je prendre par jour?
꽁비앵 드 꽁프히메 두와 쥬 프헝드흐 빠흐 쥬흐

처방전 없이 이 약을 살 수 있을까요?

Puis-je prendre ce médicament sans ordonnance?
쀠 쥬 프헝드흐 쓰 메디까멍 썽 오흐도넝쓰

달리면서 발목을 다쳤습니다.

Je me suis fait mal à la cheville en courant.
쥬 므 쒸이 패 말 아 라 슈비유 엉 꾸헝

알레르기가 있으신가요?

Êtes-vous allergique?
애뜨 부 아래흐지끄

약을 '복용하다'라는 의미를 표현하고자 할 때에는 'manger 먹다' 동사를 쓰지 않고 'prendre 먹다, 복용하다'라는 동사를 씁니다.

Je mange des médicaments. (x) → Je prends des médicaments. (O)
저는 약을 복용합니다.

주요표현

A : Je voudrais envoyer ce colis en Corée.
쥬 부드해 엉부와예 쓰 꼴리 엉 꼬헤

B : Par avion ou par bateau?
빠흐 아비옹 우 빠흐 바또

A : 이 소포를 한국으로 보내고 싶습니다.

B : 항공편으로요 아니면 배편으로요?

이 편지를 한국으로 보내고 싶습니다.

J'aimerais envoyer cette lettre en Corée.
재므해 엉부와예 쌧 랫트흐 엉 꼬헤

소포용 박스가 있습니까?

Avez-vous des cartons pour les colis?
아베 부 데 까흐똥 뿌흐 레 꼴리

소포 안에는 뭐가 있나요?

Qu'est-ce que vous avez dans le colis?
깨 쓰 끄 부 자베 덩 르 꼴리

깨지기 쉬운 물건이 있습니다.

J'ai des choses fragiles.
줴 데 쇼즈 프하질르

무게를 넘지 않습니다.

Ça ne dépasse pas le poids.
싸 느 데빠쓰 빠 르 뿌와

항공편으로는 얼마인가요?

Combien cela coûte-t-il par avion?

꽁비앵 쓸라 꾸뜨 띨 빠흐 아비옹

소포 발송비는 무게에 따라 다릅니다.

Le prix d'envoi d'un colis varie en fonction de son poids.

르 프히 덩부와 뗑 꼴리 바히 엉 퐁끄씨옹 드 쏭 뿌와

소포가 오늘 가나요?

Le colis part aujourd'hui?

르 꼴리 빠흐 오쥬흐뒤

내일 도착하기를 원합니다.

Je voudrais que ça arrive demain s'il vous plaît.

쥬 부드해 끄 싸 아히브 드맹 씰 부 쁠래

서울에서 오는 소포를 기다리고 있습니다.

J'attends un colis de Séoul.

쟈떵 엥 꼴리 드 쎄울

'Je voudrais envoyer ce colis. 이 소포를 보내고 싶습니다.'에서 'colis 소포'를 'paquet 소포, 소하물'로 대체하여 쓸 수 있습니다.

Je voudrais envoyer ce colis. = Je voudrais envoyer ce paquet.

이 소포를 보내고 싶습니다.

주요표현

A : Quelle coiffe désirez-vous?
깰 꾸와프 데지헤 부

B : Je voudrais couper juste un peu.
쥬 부드해 꾸뻬 쥐쓰뜨 엥 쁘

A : 어떻게 해드릴까요?

B : 조금만 잘라주세요.

얼마나 잘라드릴까요?

Vous aimeriez couper jusqu'où?
부 재므히에 꾸뻬 쥐쓰꾸

머리색을 어둡게 하고 싶어요.

J'aimerais foncer la couleur de mes cheveux.
줴므해 퐁쎄 라 꾸뢰흐 드 메 슈브

조금만 다듬어주세요.

Coupez-moi un peu les pointes s'il vous plaît.
꾸뻬 무와 앵 쁘 레 뿌앵뜨 씰 부 쁠래

스타일을 바꾸고 싶은데요.

Je voudrais changer de coiffe.
쥬 부드해 섕줴 드 꾸와프

머리 상하지 않게 염색하고 싶어요.

Je voudrais faire une couleur sans abîmer les cheveux.
쥬 부드해 패흐 윈 꾸뢰흐 썽 자비메 레 슈브

왁스를 어떻게 바르는지 알려주세요.

Pourriez-vous m'expliquer comment appliquer de la cire sur les cheveux?
뿌히에 부 맥쓰쁠리께 꼬멍 아쁠리께 드 라 씨흐 쒸흐 레 슈브

자연스럽게 파마해 주세요.

J'aimerais une permanence naturelle.
줴므해 윈 빼흐마넝쓰 나뛰핼

눈썹을 다듬어주세요.

Épilez-moi les sourcils s'il vous plaît.
에삘레 무와 레 쑤흐씰 씰 부 쁠래

턱수염 좀 잘라주시겠어요?

Taillez-moi la barbe s'il vous plaît.
따이예 무와 라 바흐브 씰 부 쁠래

앞머리 잘라드릴까요?

On vous coupe votre frange?
옹 부 꾸쁘 보트흐 프헝쥬

다 됐습니다. 마음에 드세요?

Ça y est. Ça vous plaît?
싸 이 애 싸 부 쁠래

11. 도서관에서

주요표현

A : Combien de livres puis-je emprunter?
꽁비앵 드 리브흐 쀠 쥬 엉프행떼

B : Vous pouvez emprunter jusqu'à trois livres.
부 뿌베 엉프행떼 쥐쓰까 트후와 리브흐

A : 책을 몇 권까지 빌릴 수 있습니까?

B : 3권까지 빌리실 수 있습니다.

도서관에 가입하고 싶습니다.

Je voudrais m'inscrire à la bibliothèque.
쥬 부드해 맹스크히흐 아 라 비블리오때끄

여기 신청서가 있습니다. 필요 사항을 쓰셔야 합니다.

Voici un formulaire. Il faut le remplir.
부와씨 엥 포흐뮐래흐 일 포 르 헝쁠리흐

미디어실은 매일 열려 있습니다.

La médiathèque est ouverte tous les jours.
라 메디아때끄 애 뚜배흐뜨 뚜 레 쥬흐

대여 기한은 3주로 허용되어 있습니다.

Le prêt est autorisé sur une période de trois semaines.
르 프해 애 또또히제 쒸흐 윈 뻬히오드 드 트후와 쓰맨느

여기서 복사를 하실 수 있습니다.

Vous pouvez faire des photocopies ici.
부 뿌베 패흐 데 포또꼬삐 이씨

죄송합니다, 이 자료를 찾고 있는데요.

Excusez-moi, je cherche ce document.
액쓰뀌제 무와 쥬 쉐흐슈 쓰 도뀌멍

학생증을 볼 수 있을까요?

Est-ce que je peux voir votre carte d'étudiant?
애 쓰 끄 쥬 뻐 부와흐 보트흐 꺄흐뜨 데뛰디엉

제때에 책을 다시 가지고 오는 것을 잊지 마세요.

N'oubliez pas de rapporter votre livre à temps.
누 블리에 빠 드 하뽀흐떼 보트흐 리브흐 아 떵

회원증으로 CD와 DVD를 빌리실 수 있습니다.

Vous pouvez emprunter des CD et des DVD avec votre carte d'abonnement.
부 뿌베 엉프행떼 데 쎄데 에 데 데베데 아백끄 보트흐 꺄흐뜨 다본느멍

어린이 코너는 여기에 있습니다.

Le rayon enfant se trouve ici.
르 해이용 엉펑 쓰 트후브 이씨

rayon은 '코너, 매장'이라는 뜻입니다.
le rayon biscuits 과자 코너
le rayon vêtements 옷 매장

주요표현

A : Vous avez un compte chez nous?
부 자베 엥 꽁뜨 쉐 누

B : Oui, madame. Voici mon numéro de compte.
위 마담 부와씨 몽 뉘메호 드 꽁뜨

A : 저희 쪽에 계좌가 있으신가요?

B : 네, 부인. 여기 제 계좌번호입니다.

계좌를 개설하고 싶습니다.

Je voudrais ouvrir un compte s'il vous plaît.
쥬 부드해 우브히흐 엥 꽁뜨 씰 부 쁠래

어떤 타입의 계좌를 개설하고 싶으신가요?

Quel type de compte souhaitez-vous ouvrir?
깰 띠쁘 드 꽁뜨 쑤애떼 부 우브히흐

예금계좌를 부탁드립니다.

Un compte d'épargne s'il vous plaît.
엥 꽁뜨 데빠흐뉴 씰 부 쁠래

얼마를 넣으실 건가요?

Combien voudriez-vous verser?
꽁비앵 부드히에 부 배흐쎄

300유로 넣기를 원합니다.

Je voudrais verser 300€.
쥬 부드해 배흐쎄 트후와썽 으흐

신분증이 있으십니까?

Avez-vous une pièce d'identité?

아베 부 윈 삐애쓰 디덩띠떼

여권이 있습니다.

J'ai mon passeport.

줴 몽 빠쓰뽀흐

은행 카드를 제게 주세요.

Donnez-moi votre carte bancaire s'il vous plaît.

도네 무와 보트흐 꺄흐뜨 벙깨흐 씰 부 쁠래

기차역에 환전소가 있습니까?

Y a-t-il un bureau de change à la gare?

이 아띨 엥 뷔호 드 셩쥬 아 라 가흐

100달러를 유로로 환전하고 싶습니다.

Je voudrais changer 100$ en euros s'il vous plaît.

쥬 부드해 셩줴 썽도라흐 엉 으호 씰 부 쁠래

환율은 어떻게 되나요?

Quel est le taux de change s'il vous plaît?

깰 애 르 또 드 셩쥬 씰 부 쁠래

서울에 송금하겠습니다.

Je voudrais faire un virement à séoul.

쥬 부드해 패흐 앵 비흐멍 아 쎄울

주요표현

A : Ça commence à quelle heure?
싸 꼬멍쓰 아 깰 외흐

B : Ça commence à 3 heures et demie.
싸 꼬멍쓰 아 트후와죄흐 에 드미

A : 몇 시에 시작합니까?

B : 3시 반에 시작합니다.

어디서 표를 삽니까?

Où peut-on acheter un billet?
우 뻐똥 아슈떼 엥 비예

학생 할인되나요?

Y a t-il des réductions pour étudiants?
이 아띨 데 헤뒥씨옹 뿌흐 에뛰디엉

지금 어떤 영화가 상영되고 있습니까?

Quels sont les films qui passent au cinéma en ce moment?
깰 쏭 레 필므 끼 빠쓰 오 씨네마 엉 쓰 모멍

이 영화 봤어?

Tu as vu ce film?
뛰 아 뷔 쓰 필므

누가 나오지?

Qui est-ce qui joue?
끼 애 쓰 끼 주

팝콘 살까?

Si on prenait du pop-corn?

씨 옹 프흐내 뒤 뽑 꼬흔느

영화는 몇 시에 끝나나요?

Le film finit à quelle heure?

르 필므 피니 아 깰 뢰흐

내가 본 영화 중에 최고다.

C'est le meilleur film que j'aie jamais vu.

쌔 르 매이외흐 필므 끄 줴 자매 뷔

그는 아주 좋은 배우야.

C'est un très bon acteur.

쌔 뗑 트해 봉 낙뙤흐

이곳의 입장료는 얼마입니까?

Le prix d'entrée est de combien?

르 프히 덩트헤 애 드 꽁비앵

무대[스크린]에서 가까운 자리에 앉고 싶어요.

J'aimerais une place près de la scène[l'écran].

쥀므해 윈 쁠라쓰 프해 드 라 쌘느 레크헝

영어자막 있나요?

Y a-t-il un sous-titre en anglais?

이 아 띨 엥 쑤 띠트흐 엉 넝글래

관련단어

직위

position	뽀지씨옹	女 지위
président	프헤지덩	男 회장
président-directeur général	프헤지덩 디핵뙤흐 제네할	男 사장(*약자 PDG)
vice-président	비쓰 프헤지덩	男 부사장
directeur	디핵뙤흐	男 이사, ~장
cadre	까드흐	男 간부
employeur	엉쁠루와여흐	男 고용주
employé	엉쁠루와예	男 남직원
employée	엉쁠루와예	女 여직원
département	데빠흐뜨멍	男 부서
département des ressources humaines	데빠흐뜨멍 데 흐쑤흐쓰 위맨	男 인사부
département juridique	데빠흐뜨멍 쥐히디끄	男 법무부
département commercial	데빠흐뜨멍 꼬매흐씨알	男 영업부
département des achats	데빠흐뜨멍 데 자샤	男 구매부
département financier	데빠흐뜨멍 피넝씨에	男 재정부
département marketing	데빠흐뜨멍 마흐께띵	男 마케팅부
bureau du secrétariat	뷔호 뒤 쓰끄헤따히아	男 비서실

취미, 스포츠

loisir	루와지흐	男 취미
cinéma	씨네마	男 영화
musique	뮈지끄	女 음악

lecture	렉뛰흐	囡 독서
peinture	뺑뛰흐	囡 그림
pêche	뻬슈	囡 낚시
alpinisme	알삐니스므	男 등산
drame	드함므	男 연극, 드라마
ballet	발레	男 발레
photo	포또	囡 사진
collection	꼴랙씨옹	囡 수집
jardinage	자흐디나쥬	男 정원 가꾸기
voyage	부와야쥬	男 여행
cuisine	뀌진느	囡 요리
sport	스뽀흐	男 운동
tricotage	트히꼬따쥬	男 뜨개질
jeu électronique	즈 엘랙트로니끄	男 컴퓨터 게임
éducation physique	에뒤까씨옹 피지끄	囡 체육
sport	쓰뽀흐	男 스포츠
foot(ball)	푸트(볼)	男 축구
golf	골프	男 골프
billard	비야흐	男 당구
tennis de table	떼니쓰 드 따블르	男 탁구
tennis	떼니쓰	男 테니스
base-ball	배즈볼	男 야구
badminton	바드민떤	男 배드민턴
basket-ball	바쓰껫볼	男 농구
yacht	여뜨	男 요트
natation / nage	나따씨옹 / 나쥬	囡 수영
ski	쓰끼	男 스키
patin à glace	빠땡 아 글라쓰	男 스케이트

관련단어

patinage	빠띠나쥬	男 스케이트 타기

병 관련

douleur	두뢰흐	女 고통
mal de tête	말 드 때뜨	男 두통
douleur abdominale	두뢰흐 아브도미날르	女 복통
mal de dents	말 드 덩	男 치통
douleur des reins	두뢰흐 데 행	女 허리통증
rhume	휨므	男 감기
grippe	그힙쁘	女 독감
toux	뚜	女 기침
mal des transports	말 데 트헝쓰뽀흐	男 멀미
vomir	보미흐	토하다
diarrhée	디아헤	女 설사
constipation	꽁쓰띠빠씨옹	女 변비
cancer	껑쌔흐	男 암
vertige	배흐띠쥬	男 어지러움
blessure	블래쒸흐	女 부상, 상처
plaie	쁠래	女 상처
avoir mal à + 신체 부위	아부와흐 말 아	(신체 부위)가 아프다
se faire une entorse	쓰 패흐 윈 엉또흐쓰	삐다
saignement	쌔뉴멍	男 출혈
démangeaison	데멍재종	女 가려움
brûlure	브휠뤼흐	女 화상
brûler	브휠레	타다
acné	아크네	女 여드름

maladie mentale	말라디 멍딸(르)	女 정신병
sang	썽	男 피
tension artérielle	떵시옹 아흐떼히앨(르)	女 혈압
hypertension	이빼흐떵씨옹	女 고혈압

병원, 약국

hôpital	오삐딸	男 병원
clinique	끌리니끄	女 개인병원
patient	빠씨엉	男 환자
patiente	빠씨엉뜨	女 환자
traitement	트헷뜨멍	男 치료
piqûre	삐뀌흐	女 주사
prescription / ordonnance	프헤쓰크힙씨옹 / 오흐도넝쓰	女 처방전
pharmacie	파흐마씨	女 약국
médicament	메디까멍	男 약
comprimé	꽁프히메	男 알약
sirop	씨호	男 물약
pommade	뽀마드	女 연고
pansement	뻥쓰멍	男 붕대
digestif	디재쓰띠프	男 소화제
antidiarrhéique	엉띠디아헤이끄	男 지사제
antinaupathique	엉띠노빠띠끄	男 멀미약
antalgique	엉딸지끄	男 진통제
hémostatique	에모쓰따띠끄	男 지혈제
désinfectant / antiseptique	데쟁팩떵 / 엉띠쌥띠끄	男 소독약

관련단어

laxatif	락싸띠프	男 변비약
somnifère	쏨니패흐	男 수면제
patch anti-douleur	빳츠 엉띠 두뢰흐	男 파스

은행

numéro de compte (bancaire)	뉘메호 드 꽁뜨 (벙깨흐)	男 계좌번호
virement automatique	비흐멍 오또마띠끄	男 자동이체
carte bancaire	까흐뜨 벙깨흐	女 현금카드
carte de crédit	까흐뜨 드 크헤디	女 신용카드
virement bancaire	비흐멍 벙깨흐	男 은행이체
compte d'épargne	꽁뜨 데빠흐뉴	男 저축계좌
chèque	쉐끄	男 수표
virement	비흐멍	男 이체
intérêt	앵떼해	男 이자
dépense	데뻥쓰	女 지출
revenu	흐브뉘	男 수입
versement (d'argent)	배흐쓰멍 (다흐정)	男 입금
retrait (d'argent)	흐트해 (다흐정)	男 출금
somme déposée	쏨 데뽀제	女 예치금
opération bancaire en ligne[sur internet]	오뻬하씨옹 벙깨흐 엉 리뉴[쒸흐 앵때흐냇]	女 온라인 뱅킹
clôture de compte	끌로뛰흐 드 꽁뜨	女 계좌해약

5장

전화

1. 전화를 걸 때
2. 전화를 받을 때
3. 부재중일 때
4. 말을 전할 때
5. 기타 전화 상황

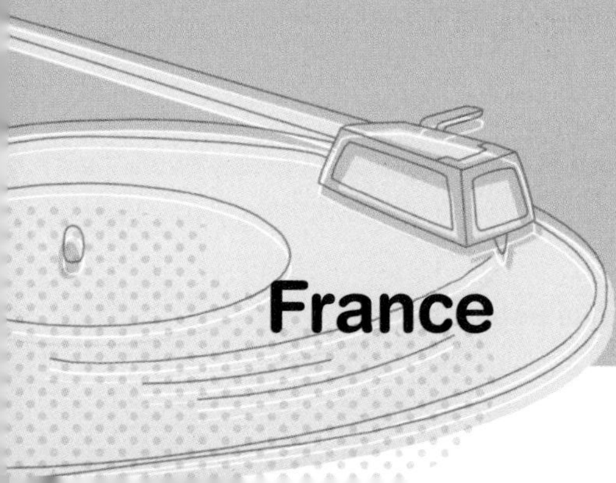

1. 전화를 걸 때

주요표현

A : Allô, Je suis bien chez monsieur Dumaurier?
알로 쥬 쒸이 비앵 쉐 므씨으 뒤모히에

B : Oui, c'est moi. Qui est-ce?
위 쌔 무와 끼 애 쓰

A : 여보세요, 뒤모리에 씨 댁이 맞나요?

B : 네, 접니다. 누구십니까?

뒤모리에 씨와 통화할 수 있나요?

Puis-je parler à M. Dumaurier?
쀠 쥬 빠흘레 아 므씨으 뒤모히에

누구를 찾으시나요?

Qui demandez-vous?
끼 드멍데 부

뒤퐁 부인과 통화하고 싶습니다.

Je voudrais parler à Mme Dupont.
쥬 뷰드해 빠흘레 아 마담 뒤뽕

다니엘과 통화할 수 있을까요?

Est-ce que je pourrais parler à Daniel s'il vous plaît?
애 쓰 끄 쥬 뿌해 빠흘레 아 다니엘 씰 부 쁠래

소피 있나요?

Est-ce que Sophie est là?
애 쓰 끄 소피 애 라

죄송합니다, 그는 여기에 없습니다.

Je suis désolé il n'est pas là.

쥬 쒸이 데졸레 일 내 빠 라

네, 그는 여기에 있습니다.

Oui, il est là.

위 일 애 라

누구세요?

Qui est à l'appareil?

끼 애 따 라빠헤이

막스입니다, 그의 친구입니다.

C'est Max, son ami.

쌔 막쓰 쏭 나미

랑베르 부인입니다.

C'est de la part de Mme Lambert.

쌔 드 라 빠흐 드 마담 렁베흐

C'est de la part de madame.....? 또는 C'est de la part de monsieur.....?는 '누구라고 전해 드릴까요?'라는 의미로 쓰입니다.

2. 전화를 받을 때

주요표현

A : M. Maurier, s'il vous plaît.
므씨으 모히에 씰 부 쁠래

B : Un instant, s'il vous plaît.
엥 냉쓰떵 씰 부 쁠래

A : 모리에 씨, 부탁합니다.

B : 잠시만요.

뒤모리에 씨 좀 바꿔주시겠습니까?

Pouvez-vous me passer M. Dumaurier?
뿌베 부 므 빠쎄 므씨으 뒤모히에

잠깐 기다려 주세요.

Ne quittez pas.
느 끼떼 빠

잠시만요.

Un moment s'il vous plaît.
엥 모멍 씰 부 쁠래

끊지 마세요.

Ne raccrochez pas.
느 하크호쉐 빠

잠시 기다려 주시기 바랍니다.

Veuillez patienter s'il vous plaît.
뵈예 빠씨엉떼 씰 부 쁠래

그의 이름 철자를 알려주시겠습니까?

Vous pouvez épeler son nom?
부 뿌베 에쁠레 쏭 농

그를 바꿔드리겠습니다.

Je vous le passe.
쥬 부 르 빠쓰

기다릴 수 있습니다.

Je peux patienter.
쥬 쁘 빠씨엉떼

응답을 안 합니다.

Ça ne répond pas.
싸 느 헤뽕 빠

메시지를 남기시겠습니까?

Vous voulez laisser un message?
부 불레 래쎄 엥 매싸쥬

'Je vous le pass. 그를 바꿔드리겠습니다.'에서 le는 정관사가 아닌 '직접목적 보어'라고 합니다. 본 문장에서의 le는 '그를'로 번역되며 대상에 따라 'la 그녀를', 'les 그들을, 그녀들을'로 응용하여 사용할 수 있습니다.

주요표현

A : M. Chavier, s'il vous plaît.
므씨으 샤비에 씰 부 쁠래

B : Il n'est pas là maintenant.
일 내 빠 라 맹뜨넝

A : 샤비에 씨, 부탁드립니다.

B : 지금 여기 안 계십니다.

사장님은 지금 외출하셨습니다.

Le président est sorti en ce moment.
르 프헤지덩 애 쏘흐띠 엉 쓰 모멍

사장실에 안 계십니다.

Il n'est pas à son bureau.
일 내 빠 아 쏭 뷔호

방금 사무실에서 나가셨습니다.

Il vient de sortir du bureau.
일 비앵 드 쏘흐띠흐 뒤 뷔호

그는 점심을 먹으러 갔습니다.

Il est allé prendre le déjeuner.
일 애 딸레 프헝드흐 르 데쥬네

그는 출장 중입니다.

Il est en voyage d'affaires.
일 애 떵 부와야쥬 다패흐

그는 퇴근했습니다.

Il est rentré du bureau.
일 애 헝트헤 뒤 뷔호

그는 오늘 쉽니다.

Il se repose aujourd'hui.
일 쓰 흐뽀즈 오쥬흐뒤

팀장은 언제 돌아옵니까?

Quand est-ce que le chef d'équipe revient?
껑 애 쓰 끄 르 쉐프 데끼쁘 흐비앵

그와 연락할 수 있는 번호가 있으신가요?

Auriez-vous un numéro où je pourrais le joindre?
오히에 부 엥 뉘메호 우 쥬 뿌해 르 쥬앵드흐

그의 핸드폰 번호를 받을 수 있을까요?

Pourrais-je avoir son numéro de téléphone portable?
뿌해 쥬 아부와흐 쏭 뉘메호 드 뗄레폰(느) 뽀흐따블르

제 연락처들을 남겨드리겠습니다.

Je vais vous laisser mes coordonnées.
쥬 배 부 래쎄 메 꼬오흐돈네

4. 말을 전할 때

주요표현

A : Mon numéro de téléphone est le 01 23 43 67 86.
몽 뉘메호 드 뗄레폰(느) 애 르 제호엥 뱅트후와 까헝뜨트후와 쑤와썽뜨쎗 까트흐뱅씨쓰

B : Je lui transmettrai le message.
쥬 뤼이 트헝쓰매트해 르 매싸쥬

A : 제 전화번호는 01 23 43 67 86입니다.

B : 메시지를 전해 드리겠습니다.

그에게 메시지를 전해 드리겠습니다.

Je lui passerai le message.
쥬 뤼이 빠쓰해 르 매싸쥬

전화드리라고 하겠습니다.

Je lui demanderai de vous rappeler.
쥬 뤼이 드멍드해 드 부 하쁠레

그가 돌아오는 대로 전화드리라고 전하겠습니다.

Je lui dirai de vous rappeler dès qu'il sera de retour.
쥬 뤼이 디해 드 부 하쁠레 대 낄 쓰하 드 흐뚜흐

그가 아침에 바로 전화드릴 것입니다.

Il vous rappellera dès le matin.
일 부 하뺄르하 대 르 마땡

그가 전화드릴 것이라고 합니다.

Il dit qu'il vous rappellera.
일 디 낄 부 하뺄르하

걱정하지 마세요. 분명히 그것을 전하겠습니다.

Ne vous inquiétez pas. Je le lui dirai certainement.
느 부 쟁끼에떼 빠 쥬 르 뤼이 디해 쌔흐땐느멍

어떤 일이신가요?

C'est à quel sujet, je vous prie?
쌔 따 깰 쒸재 쥬 부 프히

더 천천히 말씀해 주실 수 있으신가요?

Pourriez-vous parler plus lentement s'il vous plaît?
뿌히에 부 빠흘레 쁠뤼 렁뜨멍 씰 부 쁠래

혹시 모르니, 전화번호를 적겠습니다.

Comme on ne sait jamais, je noterai votre numéro
꼼 옹 느 쌔 자매 쥬 노뜨해 보트흐 뉘메호

de téléphone.
드 뗄레폰(느)

전화번호가 01 32 44 51 21이 맞습니까?

Votre numéro de téléphone est bien le 01 32 44 51 21?
보트흐 뉘메호 드 뗄레폰(느) 애 비앵 르 제호엥 트헝뜨드 까헝뜨까트흐 쌩껑떼앵 뱅떼엥

내게 온 메시지 없습니까?

Il n'y a aucun message pour moi?
일 니 야 오깽 매싸쥬 뿌흐 무와

주요표현

A : À quel numéro avez-vous composé?
아 깰 뉘메호 아베 부 꽁뽀제

B : Mais c'est bien le 01 32 44 51 21 non?
매 쌔 비앵 르 제호엥 트헝뜨드 까헝뜨까트흐 쌩껑떼앵 뱅떼엥 농

A : 몇 번에 거셨어요?

B : 01 32 44 51 21 아닌가요?

언뜻 보아, 전화를 잘못 거셨네요.

Apparemment, vous vous êtes trompé de numéro.
아빠하멍 부 부 재뜨 트홍뻬 드 뉘메호

전화번호를 잘못 누르신 것 같습니다.

Je crois que vous avez fait un faux numéro.
쥬 크후와 끄 부 자베 패 엥 포 뉘메호

죄송합니다. 실수하신 것 같습니다.

Je suis désolé. Vous avez fait erreur.
쥬 쒸이 데졸레 부 자베 패 애회흐

01 36 26 44 21이 맞지요?

Je suis bien au 01 36 26 44 21?
쥬 쒸이 비앵 오 제호엥 트헝뜨씨쓰 뱅씨쓰 까헝뜨까트흐 뱅떼엥

호텔 파시피크가 맞지요?

C'est bien l'hôtel Pacifique?
쌔 비앵 로뗄 빠씨피끄

죄송합니다, 부인, 제가 전화번호를 잘못 눌렀네요.

Excusez-moi, madame, je me suis trompé de numéro.
액쓰뀌제 무와 마담 쥬 므 쒸이 트홍뻬 드 뉘메호

고티에 부인 댁이 맞지요?

Je suis bien chez Mme Gautier?
쥬 쒸이 비앵 쉐 마담 고띠에

맞는 전화번호로 걸지 않으셨네요.

Vous n'avez pas composé le bon numéro.
부 나베 빠 꽁뽀제 르 봉 뉘메호

잘 들리지 않습니다.

Je ne vous entends pas bien.
쥬 느 부 정떵 빠 비앵

연결이 매우 안 좋네요.

La connexion est très mauvaise.
라 꼬낵씨옹 애 트해 모배즈

다시 말씀해 주실 수 있으신가요?

Pouvez-vous répéter, s'il vous plaît?
뿌베 부 헤뻬떼 씰 부 쁠래

관련단어

전화, 휴대폰

standard	쓰떵다흐	男 전화 교환기
appel de personne à personne 아뺄 드 빼흐쏜 아 빼흐쏜		男 지명 전화
appel local	아뺄 로깔	男 시내 전화
appel longue distance	아뺄 롱그 디스떵쓰	男 장거리 전화
indicatif téléphonique	앵디까띠프 뗄레포니끄	男 지역 번호
(numéro de) téléphone interne (뉘메호 드) 뗄레폰 앵때흔느		男 구내 전화(번호)
télécarte	뗄레꺄흐뜨	女 전화카드
carte téléphonique	꺄흐뜨 뗄레포니끄	女 전화카드
téléphone mobile	뗄레폰 모빌	男 휴대전화
téléphone portable	뗄레폰 뽀흐따블르	男 휴대전화
texto	떽쓰또	男 문자
sonnerie téléphonique	쏜느히 뗄레포니끄	女 호출음
roaming	호밍	男 로밍
appel vidéo	아뺄 비데오	男 영상통화
WIFI	위피	男 와이파이

초대 · 방문 · 축하 6장

1. 초대할 때
2. 방문할 때
3. 손님을 맞이할 때
4. 식사를 대접할 때
5. 손님을 배웅할 때
6. 축하의 표현
7. 축복과 기원

1. 초대할 때

주요표현

A : Êtes-vous libre ce samedi?
애뜨 부 리브흐 쓰 쌈디

B : Oui, je suis libre.
위 쥬 쒸이 리브흐

A : 토요일에 시간 되시나요?

B : 네, 시간이 돼요.

저희 집에 초대하고 싶어요.

J'aimerais vous inviter chez nous.
재므해 부 쟁비떼 쉐 누

토요일에 뭐 하시나요?

Qu'est-ce que vous faites samedi?
깨 쓰 끄 부 패뜨 쌈디

(저희는) 예정해 놓은 게 아무것도 없습니다.

Nous n'avons rien de prévu.
누 나봉 히앵 드 프헤뷔

저희를 초대해 주셔서 고맙습니다.

C'est gentil de nous inviter.
쌔 졍띠 드 누 쟁비떼

오실 수 있나요?

Vous pourrez venir?
부 뿌헤 브니흐

정말 죄송합니다, 이미 약속이 잡혔습니다.

Je suis vraiment désolé, je suis déjà pris.
쥬 쒸이 브해멍 데졸레 쥬 쒸이 데쟈 프히

안타깝네요, 저는 그날 안 돼요.

C'est dommage, je ne peux pas, ce jour-là.
쌔 도마쥬 쥬 느 뻐 빠 쓰 쥬흐 라

저는 시간이 안 됩니다.

Je ne suis pas libre.
쥬 느 쒸이 빠 리브흐

몇 시에 가야 하나요?

Il faut venir à quelle heure?
일 포 브니흐 아 깰 뢰흐

같이 저녁 드실래요?

Si on dînait ensemble?
씨 옹 디내 엉썽블르

▶**제안하기** : Si+주어+동사(반과거 시제)
상대방에게 '~할래(요)?'와 같은 제안의 표현을 할 때 사용합니다.
Si on offrait un cadeau? (우리가) 선물 하나 하면 어떨까(요)?

주요표현

A : Excusez-moi.
액쓰뀌제 무와

B : Bonjour Mme KIM. Entrez, je vous en prie.
봉쥬흐 마담 낌 엉트헤 쥬 부 정 프히

A : 실례합니다.

B : 안녕하세요, 김 여사님. 어서 들어오세요.

랑베르 부인을 뵈러 왔습니다.

Je suis venue voir Mme Lambert.
쥬 쒸이 브뉘 부와흐 마담 렁배흐

(그녀가) 여기에 계시나요?

Est-ce qu'elle est là?
애 쓰 깰 애 라

그녀가 당신을 기다리고 있었습니다.

Elle vous attendait.
앨 부 자떵대

이쪽으로 오세요.

Venez par ici.
브네 빠흐 이씨

제가 방해가 되지 않기를 바랍니다.

J'espère que je ne vous ai pas dérangé.
줴스빼흐 끄 쥬 느 부 재 빠 데헝제

늦어서 죄송합니다.

Je suis désolée d'être en retard.

쥬 쒸이 데졸레 대트흐 엉 흐따흐

별일 아닙니다.

Ce n'est pas grave.

쓰 내 빠 그하브

교통 혼잡 속에 갇혀 있었습니다.

J'étais bloquée dans les embouteillages.

제때 블로께 덩 레 정부때야쥬

제가 일이 있습니다.

J'ai un empêchement.

줴 엥 넝빼쉬멍

우리의 약속을 취소해야만 합니다.

Nous devions annuler notre rendez-vous.

누 드비옹 아뉠레 노트흐 헝데 부

Mme은 madame의 약자이며 '~부인'이라는 뜻입니다.
Mlle은 mademoiselle의 약자이며 '~양, 아가씨'라는 뜻입니다.
M은 monsieur의 약자이며 '~씨'라는 뜻입니다.

주요표현

A : Je suis désolée, je suis en retard.
쥬 쒸이 데졸레 쥬 쒸이 정 흐따흐

B : Oh, Mme Lucré, ce n'est pas grave.
오 마담 뤼크헤 쓰 내 빠 그하브

A : 죄송합니다, 제가 늦었습니다.

B : 오, 뤼크레 부인, 괜찮습니다.

초대해 주셔서 감사합니다.

Je vous remercie de votre invitation.
쥬 부 흐매흐씨 드 보트흐 앵비따씨옹

와주셔서 감사합니다.

Merci d'être venue.
매흐씨 대트흐 브뉘

받으세요, 당신 것입니다.

Tenez, voilà pour vous.
뜨네 부왈라 뿌흐 부

정말 고맙습니다.

C'est vraiment gentil.
쌔 브해멍 졍띠

정말 기쁩니다.

Ça me fait très plaisir.
싸 므 패 트해 쁠래지흐

변변치 않은 것 하나 가져왔습니다.

Je vous ai apporté un petit quelque chose.

쥬 부 재 아뽀흐떼 엥 쁘띠 깰끄 쇼즈

참 친절하시군요!

Que c'est gentil!

끄 쌔 졍띠

별것 아닙니다.

C'est juste un bricole.

쌔 쥐쓰뜨 엥 브히꼴르

코트 받아드릴까요?

Je pourrais prendre votre manteau?

쥬 뿌해 프헝드흐 보트흐 멍또

(댁에 계신 것처럼) 편히 계세요.

Faites comme chez vous.

패뜨 꼼 쉐 부

선물을 받으면 답례로 'Il ne fallait pas. 뭘 이런걸 다.'와 같은 감사의 표현을 해주면 좋습니다.

주요표현

A : Je vous en prie, servez-vous.
쥬 부 정 프히 쌔흐베 부

B : Merci.
매흐씨

A : 많이 드세요.

B : 감사합니다.

더 드릴까요?

Je vous ressers?
쥬 부 흐쌔흐

아니요, 감사합니다, 여기에서 멈추겠습니다.

Non merci, je m'arrête là.
농 매흐씨 쥬 마해뜨 라

닭을 조금 더 먹겠습니다.

Vous reprendrez bien un peu de poulet?
부 흐프헝드헤 비앵 엥 쁘 드 뿔래

소금을 건네주시겠습니까?

Vous pouvez me passer le sel?
부 뿌베 므 빠쎄 르 쌜

정말 맛있습니다.

C'est vraiment délicieux.
쌔 브해멍 델리씨유

건배!

À votre santé!

아 보트흐 썽떼

정확히 이건 뭔가요?

Qu'est-ce que c'est exactement?

깨 쓰 끄 쌔 애그작뜨멍

제 어머니의 레시피입니다.

C'est une recette de ma mère.

쌔 ۞ 흐쌧뜨 드 마 매흐

조금 맵습니다.

C'est un peu épicé.

쌔 떵 쁘 에삐쎄

먹어보겠습니다.

Je vais l'essayer.

쥬 배 래쎄이예

식사에 초대되면 음식에 대한 칭찬은 식사 분위기를 좋게 만듭니다.

Qu'est-ce que ça sent bon! 어쩜, 냄새가 좋네요!

주요표현

A : Je vais devoir rentrer.
쥬 배 드부와흐 헝트헤

B : Je vois. Au revoir.
쥬 부와 오 흐부와흐

A : 그만 가보겠습니다.

B : 알겠습니다. 안녕히 가세요.

늦었네요.

Il est tard.

일 애 따흐

가봐야 할 것 같습니다.

Je crois que je vais y aller.

쥬 크후와 끄 쥬 배 이 알레

저희와 좀 더 계시다가 가세요.

Restez encore un peu avec nous.

해스떼 엉꼬흐 엥 쁘 아백끄 누

즐거운 저녁을 보냈습니다!

J'ai passé une très bonne soirée!

줴 빠쎄 윈 트해 본(느) 쑤와헤

저희를 초대해 주셔서 감사드립니다.

Merci de nous avoir invités.

매흐씨 드 누 자부와흐 앵비떼

정말 좋았습니다!

C'était super!

쎄때 쒸뻬흐

다음 번은 저희 집에서 하겠습니다.

La prochaine fois, ce sera chez nous.

라 프호쉔느 푸와 쓰 쓰하 쉐 누

벌써요? 이제 저녁 9시인걸요!

Déjà? Mais il est seulement vingt et une heures!

떼쟈 매 일 애 쓸르멍 뱅 떼 윈 외흐

곧 다시 뵙길 바라겠습니다.

J'espère vous revoir bientôt.

줴스뻬흐 부 흐부와흐 비앵또

폴에게 안부 전해 주세요.

Dites bonjour à Paul de ma part.

디뜨 봉쥬흐 아 뽈 드 마 빠흐

안녕히 가세요, 다음에 봬요!

Au revoir, à la prochaine!

오 흐부와흐 아 라 프로쉔

부모님께 안부 전해 주세요.

Dites bonjour à vos parents de ma part.

디뜨 봉쥬흐 아 보 빠헝 드 마 빠흐

---

6. 축하의 표현

주요표현

A : Bonne année!
본느 아네

B : Bonne année à vous aussi!
본느 아네 아 부 오씨

A : 새해 복 많이 받으세요!

B : 당신도 새해 복 많이 받으세요!

새해 복 많이 받으세요!

Bonne et heureuse année!
본(느) 에 외흐즈 아네

메리 크리스마스!

Joyeux Noël!
주와이유 노앨

생일 축하해요!

Bon anniversaire!
본 나니베흐쎄흐

축하해요!

Félicitations!
펠리씨따씨옹

즐거운 부활절 되세요!

Joyeuses Pâques!
주와이유즈 빠끄

행운이 있기를!

Bonne chance!
본(느) 셩쓰

신의 가호가 있기를!

Que Dieu vous bénisse!
끄 디유 부 베니쓰

결혼 축하해요!

Félicitations pour votre mariage!
펠리씨따씨옹 뿌흐 보트흐 마리아쥬

즐거운 밸런타인데이 되세요!

Joyeuse saint Valentin!
주와이유즈 쌩 발렁땡

새해를 맞아 건배합시다!

Portons un toast à la nouvelle année!
뽀흐똥 엥 또스뜨 아 라 누벨 아네

축하드려요!

Tous mes compliments!
뚜 메 꽁쁠리멍

모든 게 잘되기를 빕니다.

Je souhaite que tout se passe bien.
쥬 쑤애뜨 끄 뚜 쓰 빠쓰 비앵

7. 축복과 기원

주요표현

A : Je vous souhaite une bonne année.
쥬 부 쑤애뜨 윈 본 아네

B : Que tout se passe bien pour cette nouvelle année.
끄 뚜 쓰 빠쓰 비앵 뿌흐 쌧뜨 누밸 아네

A : 새해 복 많이 받으세요.

B : 새해에는 모든 일이 뜻하시는 대로 되길!

새해에는 더욱 건강하시기 바랍니다.

Je vous souhaite une excellente santé pour la nouvelle année.
쥬 부 쑤애뜨 윈 액쌜렁뜨 썽떼 뿌흐 라 누밸 아네

새해에는 생각하시는 일이 잘되기를 바랍니다.

Que cette nouvelle année vous apporte du succès dans vos projets.
끄 쌧 누밸 아네 부 자뽀흐뜨 뒤 쒹쌔 덩 보 프호줴

행복한 한 해 되기를 기원합니다.

Tous mes voeux de bonheur.
뚜 매 브 드 본뇌흐

당신의 가정에 영원히 행복이 있기를!

Que votre famille soit dans une paix durable!
끄 보트흐 파미유 쑤와 덩 쥔 빼 뒤하블르

올해는 우리에게 기쁜 일만 가득했으면 좋겠다.

J'aimerais que ce soit une année pleine de joie pour nous.

줴므해 끄 쓰 쑤와 윈 아네 쁠랜 드 주와 뿌흐 누

신께서 너를 축복하시길!

Que Dieu te bénisse!

끄 디유 뜨 베니쓰

오늘이 특별하고 멋진 하루가 되기를!

Que ce soit une bonne et excellente journée!

끄 쓰 쑤와 윈 본 에 액쌜렁뜨 쥬흐네

바라는 바 뜻대로 이루시길 바랍니다.

Que cette année vous offre tout ce dont vous convoitez.

끄 쌧 아네 부 조프흐 뚜 쓰 동 부 꽁부와떼

잊지 못할 기념일 보내세요.

Passez une fête inoubliable.

빠쎄 윈 패뜨 이누블리아블르

오늘은 너의 날이야.

Aujourd'hui sera ton jour.

오쥬흐뒤 쓰하 똥 쥬흐

관련단어

주요 형용사

plein	쁠랭	많은, 가득한
petit	쁘띠	작은, 적은
grand	그헝	큰
large	라흐쥬	넓은
étroit	에트후와	좁은
long	롱	긴
court	꾸흐	짧은
haut	오	높은
bon	봉	좋은
mauvais	모배	나쁜
cher	쉐흐	비싼
modéré	모데헤	싼
léger	레제	가벼운
lourd	루흐	무거운
épais	에빼	두꺼운
fin	팽	얇은
intelligent	앵뗄리졍	똑똑한
stupide	스뛰삐드	어리석은
fort	포흐	강한
faible	패블르	약한
chaud	쇼	뜨거운, 더운
froid	프후와	추운, 차가운
rapide	하삐드	빠른
lent	렁	느린
correct	꼬핵	옳은
faux	포	틀린

쇼핑 · 식사

7장

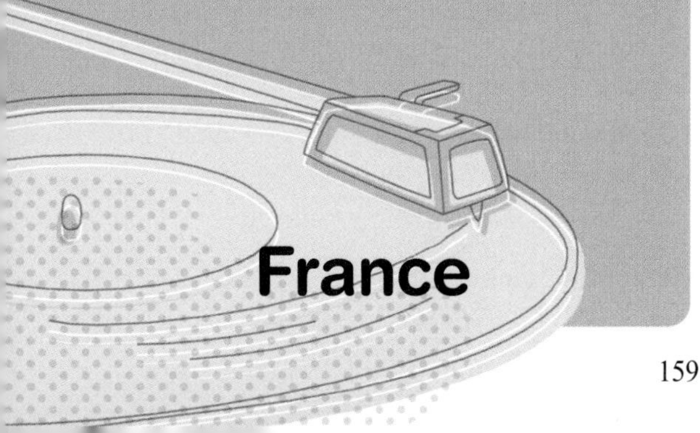

주요표현

A : Vous avez d'autres couleurs?
부 자베 도트흐 꾸뢰흐

B : C'est tout ce que nous avons.
쌔 뚜 쓰 끄 누 자봉

A : 다른 색 있나요?

B : 저희가 가지고 있는 것은 이게 다입니다.

이 치마[바지]를 볼 수 있을까요?

Je pourrais voir cette jupe[ce pantalon]?
쥬 뿌해 부와흐 쌧 쥐쁘 쓰 뻥딸롱

수수한 것을 원합니다.

Je voudrais quelque chose de simple.
쥬 부드해 깰끄 쇼즈 드 쌩쁠르

사이즈가 어떻게 되시나요?

Quelle taille faites-vous?
깰(르) 따이유 패뜨 부

38사이즈입니다.

Je fais du 38.
쥬 패 뒤 트헝뜨윗

조금 작네요[크네요].

C'est un peu petit[grand].
쌔 떙 쁘 쁘띠 그헝

너무 짧네요[기네요].

C'est trop court[long].
쌔 트호 꾸흐 롱

색이 저에게 썩 어울리지는 않네요.

La couleur ne me va pas vraiment.
라 꾸뢰흐 느 므 바 빠 브해멍

(이거) 다른 색으로 있나요?

Vous l'avez dans d'autres couleurs?
부 라베 덩 도트흐 꾸뢰흐

어떤 모델을 선호하시나요?

Quel modèle préférez-vous?
깰 모댈 프헤패헤 부

진열창에 있는 흰 치마를 입어보고 싶습니다.

Je voudrais essayer la jupe blanche qui est
쥬 부드해 애쌔이예 라 쥐쁘 블렁슈 끼 애

dans la vitrine.
덩 라 비트힌느

▶옷 또는 신발 사이즈 말하기 : 'faire ~하다'+du+옷/신발 사이즈
Je fais du 38. 저는 38사이즈입니다. ← 옷 사이즈 M 정도에 해당
Je fais du 38. 저는 38사이즈입니다. ← 신발 사이즈 245 정도에 해당

주요표현

A : Excusez-moi, où est le lait?
액쓰뀌제 무와 우 애 르 래

B : Peut-être au rayon «Produits laitiers».
쁘때트흐 오 해용 프호뒤 래띠에

A : 실례합니다, 우유가 어디에 있나요?

B : 아마 유제품 코너에 있을 거예요.

저 좀 도와주실 수 있나요?

Pourriez-vous m'aider?
뿌히에 부 매데

무엇을 찾으시는데요?

Qu'est-ce que vous cherchez?
깨 쓰 끄 부 쉐흐쉐

생선은 어디에 있죠?

Où sont les poissons?
우 쏭 래 뿌와쏭

뒤편 왼쪽에 있습니다.

Ils sont derrière, à gauche.
일 쏭 대히애흐 아 고슈

죄송한데요, 저도 잘 모르겠습니다.

Je suis désolée, je ne sais pas non plus.
쥬 쒸이 데졸레 쥬 느 쌔 빠 농 쁠뤼

도와드릴까요?

Voulez-vous que je vous aide?

불레 부 끄 쥬 부 재드

여기에 세제가 어디에 있죠?

Où sont les produits de lavage?

우 쏭 레 프호뒤 드 라바쥬

바로 여기 앞에 있습니다.

Juste ici, devant.

쥐쓰뜨 이씨 드벙

이 물건은 세일 중입니까?

Ce produit est-il en solde?

쓰 프호뒤 애띨 엉 쏠드

세일은 언제까지입니까?

Quand se terminent les soldes?

껑 쓰 때흐민느 레 쏠드

가격이 어떻게 되죠?

Ça coûte combien?

싸 꾸뜨 꽁비앵

합해서 30유로입니다.

Ça fait 30 euros.

싸 패 트헝뜨 으호

주요표현

A : Pourriez-vous me faire un bon prix?
뿌히에 부 므 패흐 엥 봉 프히

B : D'accord. Je vous fais une réduction de 5 pour cent.
다꼬흐 쥬 부 패 윈 헤뒥씨옹 드 쌩 뿌흐 썽

A : 싸게 해주시지 않겠습니까?

B : 알겠습니다. 5퍼센트 깎아드리겠습니다.

죄송합니다, 저는 이것을 사고 싶습니다.

Excusez-moi, j'ai envie de prendre ça.
액쓰뀌제 무와 줴 엉비 드 프헝드흐 싸

하지만 10유로 지폐 하나밖에 없네요.

Mais je n'ai qu'un billet de 10 euros.
매 즈 내 껭 비예 드 디 즈호

좀 깎아주시겠습니까?

Vous pouvez me faire un petit prix?
부 뿌베 므 패흐 엥 쁘띠 프히

비싸군요.

Ce n'est pas donné.
쓰 내 빠 돈네

제 예산을 넘어서네요.

C'est vraiment au-dessus de mon budget.
쌔 브해멍 오 드쒸 드 몽 뷔드재

이 가격 안에서 다른 것은 없나요?

Vous n'avez rien d'autre dans ces prix-là?

부 나베 히앵 도트흐 덩 쎄 프히 라

얼마 선에서 원하십니까?

Vous voulez mettre dans les combien?

부 불레 매트흐 덩 레 꽁비앵

제 예산은 200유로 정도입니다.

J'ai un budget d'environ 200 euros.

줴 엥 뷔드재 덩비홍 드썽 으호

알겠습니다, 10유로에 해드리겠습니다.

D'accord, je vous le fais à 10 euros.

다꼬흐 쥬 부 르 패 아 디 즈호

마지막 금액입니다.

C'est le dernier prix.

쌔 르 대흐니에 프히

알겠습니다. 이것으로 하겠습니다.

D'accord. Je vais prendre ça.

다꼬흐 쥬 배 프헝드흐 싸

이게 최저가입니다.

C'est le prix le plus bas.

쌔 르 프히 르 쁠뤼 바

4. 물건 값 계산하기

주요표현

A : Ceci est à combien?
쓰씨 애 따 꽁비앵

B : C'est à 24 euros.
쌔 따 뱅까트흐 으호

A : 이것은 얼마입니까?

B : 24유로입니다.

얼마예요?

C'est combien?
쌔 꽁비앵

7유로 50센트입니다.

7,50 euros.
쌧뜨호 쌩껑뜨

포장해 주실 수 있나요?

Pourriez-vous me l'emballer?
뿌히에 부 므 렁발레

100그램에 1유로 40센트입니다.

1,40 euros les 100g.
엥느호 까헝뜨 레 썽 그함

어떻게 계산하시겠습니까?

Vous réglez comment?
부 헤글레 꼬멍

현찰인가요, 아니면 카드로 계산하시나요?

Vous réglez en espèces ou par carte?
부 헤글레 엉 내스빼쓰 우 빠흐 까흐뜨

더 싼 건 없나요?

N'y a-t-il pas quelque chose de moins cher?
니 아띨 빠 깰끄 쇼즈 드 무앵 쉐흐

조금 깎아주실 수 있습니까?

Vous ne me feriez pas un bon prix?
부 느 므 프히에 빠 엥 봉 프히

계산이 잘못된 것 같아요.

Je crois qu'il y a une erreur dans les calculs.
쥬 크후와 낄리 아 윈 애회흐 덩 레 깔뀔

카드로 결재할 수 있나요?

Pourrais-je régler par carte?
뿌해 쥬 헤글레 빠흐 까흐뜨

이 카드 받으시나요?

Vous acceptez cette carte?
부 작쌥떼 쌧 까흐뜨

여기 영수증 받으세요.

Voilà votre reçu.
부왈라 보트흐 흐쒸

5. 교환, 반품

주요표현

A : Vous désirez?
부 데지헤

B : Je voudrais échanger cette caméra.
쥬 부드헤 에샹줘 쌧 까메하

A : 무엇을 도와드릴까요?

B : 이 카메라를 교환하고 싶습니다.

이것을 교환해 주시겠습니까?

Pourriez-vous me changer ceci?
뿌히에 부 므 섕줘 쓰씨

이것은 제게 안 맞습니다.

Ceci ne me va pas.
쓰씨 느 므 바 빠

이것은 제 치수가 아닙니다.

Ce n'est pas ma taille.
쓰 내 빠 마 따유

교환은 누구에게 말해야 하나요?

À qui dois-je m'adresser pour l'échange?
아 끼 두와 쥬 마드해쎄 뿌흐 레섕쥬

이 상품을 반품하고 싶습니다.

Je voudrais retourner cet article.
쥬 부드해 흐뚜흐네 쌧 따흐띠끌르

환불받고 싶습니다.

Je voudrais être remboursée.
쥬 부드해 애트흐 헝부흐쎄

다른 사이즈로 바꿔주세요.

J'aimerais une autre taille.
줴므해 윈 오트흐 따유

영수증 가져오셨어요?

Avez-vous apporté le ticket de caisse?
아베 부 아뽀흐떼 르 띠깨 드 깨쓰

영수증이 여기 있습니다.

Voilà le ticket de caisse.
부왈라 르 띠깨 드 깨쓰

물건 상태가 좋지 않아서 반품합니다.

Je renvois parce que l'état de la marchandise n'est pas bon.
쥬 헝부와 빠흐쓰 끄 레따 드 라 마흐셩디즈 내 빠 봉

고객센터는 어디에 있나요?

Où se trouve le service clientèle?
우 쓰 트후브 르 쌔흐비쓰 끌리엉땔르

6. 음식점 예약

주요표현

A : Je voudrais réserver une table pour le déjeuner.
쥬 부드해 헤재흐베 윈 따블르 뿌흐 르 데쥬네

B : Pour combien de personnes?
뿌흐 꽁비앵 드 빼흐쏜

A : 점심 식사 예약하겠습니다.

B : 몇 분이세요?

5명입니다.

C'est pour 5 personnes.
쌔 뿌흐 쌩끄 빼흐쏜

몇 시에 오실 생각이신가요?

À quelle heure pensez-vous venir?
아 깰르 뢰흐 뼁쎄 부 브니흐

내일 12시 30분입니다.

Nous voudrions venir demain à midi trente.
누 부드히옹 브니흐 드맹 아 미디 트헝뜨

테라스에 자리가 남아 있나요?

Est-ce qu'il reste de la place sur la terrasse?
애 쓰 낄 해스뜨 드 라 쁠라쓰 쒸흐 라 때하쓰

모든 테라스 테이블은 이미 예약되었습니다.

Toutes les tables en terrasse sont déjà réservées.
뚜뜨 레 따블르 엉 때하쓰 쏭 데쟈 헤재흐베

창문 앞으로 해드릴 수 있습니다.

Je peux vous mettre devant la fenêtre.
쥬 쁘 부 매트흐 드벙 라 프내트흐

비흡연 장소가 있나요?

Vous avez un espace non-fumeur?
부 자베 엥 내스빠쓰 농 퓌뫼흐

누구의 이름으로 해드릴까요?

C'est à quel nom?
쌔 따 깰 농

비뇽입니다.

Au nom de Vignon.
오 농 드 비뇽

예약이 있으신가요?

Vous avez une réservation?
부 자베 윈 헤재흐바씨옹

네, 제가 어제 전화했습니다.

Oui, j'ai téléphoné hier.
위 줴 뗄레포네 이애흐

저 테이블은 예약석입니다.

Cette table est réservée.
쌧 따블르 애 해재흐베

주요표현

A : Qu'est-ce que je vous sers?
깨 쓰 끄 쥬 부 쌔흐

B : Je vais prendre un steak.
쥬 배 프헝드흐 엥 스떽끄

A : 무엇을 드릴까요?

B : 스테이크로 하겠습니다.

메뉴판을 주시겠습니까?

Pourrais-je avoir la carte?
뿌해 쥬 아부와흐 라 꺄흐뜨

선택하셨습니까?

Vous avez choisi?
부 자베 슈와지

메뉴로는 뭐가 있나요?

Qu'est-ce qu'il y a au menu?
깨 쓰 낄 리 야 오 므뉘

무엇을 권해 주시겠습니까?

Qu'est-ce que vous me conseillez?
깨 쓰 끄 부 므 꽁쌔이예

20유로 메뉴로 하겠습니다.

Je vais prendre un menu à 20 euros.
쥬 배 프헝드흐 엥 므뉘 아 뱅 으호

스테이크는 무엇과 나오나요?

Le steak est servi avec quoi?
르 스떽끄 애 쌔흐비 아백끄 꾸와

감자튀김 대신 밥으로 해도 될까요?

Pourrais-je avoir du riz à la place des frites?
뿌해 쥬 아부와(흐) 뒤 히 아 라 쁠라쓰 데 프히뜨

고기는 어떻게 익혀드릴까요?

Quelle cuisson pour la viande?
깰르 뀌쏭 뿌흐 라 비엉드

미디움 레어로 부탁드립니다.

Saignante s'il vous plaît.
쌔녕뜨 씰 부 쁠래

전식은 안 하시나요?

Vous ne prenez pas d'entrée?
부 느 프흐네 빠 덩트헤

스테이크를 주문할 때에는 종업원이 고기의 익힘 정도를 물어봅니다.
steak(스테이크) bleu : 레어(고기의 양면을 약 1분간 익힘)
saignant : 미디움 레어(고기의 양면을 약 2분간 익힘)
à point : 미디움(고기의 양면을 약 3분간 익힘 – 중간 정도의 익힘)
cuit : 미디움 웰(고기의 양면을 약 4분간 익힘)
bien cuit : 웰(고기의 양면을 약 5분간 익힘 – 바짝 익힘)

8. 음식 주문하기 2

주요표현

A : Que puis-je faire pour vous?
끄 쀠 쥬 패흐 뿌흐 부

B : Je voudrais un hamburger s'il vous plaît.
쥬 부드해 엥 넝뵈흐괴흐 씰 부 쁠래

A : 주문하시겠습니까?

B : 햄버거 하나 주세요.

치즈버거 둘, 콜라 둘 부탁합니다.

Je vourais deux cheeseburgers et deux cocas s'il vous plaît.
쥬 부드해 드 치즈뵈흐괴흐 에 드 꼬까 씰 부 쁠래

감자튀김도 하시겠습니까?

Vous voulez prendre des frites avec?
부 불레 프헝드흐 데 프히뜨 아백(끄)

감자튀김 하나 부탁합니다.

Une portion de frites s'il vous plaît.
윈 뽀흐씨옹 드 프히뜨 씰 부 쁠래

여기서 드실 건가요, 가져가실 건가요?

Sur place ou à emporter?
쒸흐 쁠라쓰 우 아 엉뽀흐떼

가져가겠습니다. / 여기서 먹겠습니다.

À emporter[Sur place] s'il vous plaît.
아 엉뽀흐떼 쒸흐 쁠라쓰 씰 부 쁠래

더 필요하신 것이 있나요?

Autre chose?

오트흐 쇼즈

아니요, 이게 다입니다.

Non, ce sera tout.

농 쓰 쓰하 뚜

페퍼로니 피자 큰 거 하나 부탁합니다.

Je voudrais une grande pizza avec pepperoni s'il vous plaît.

쥬 부드해 윈 그헝드 삐자 아백끄 뻬뻬호니 씰 부 쁠래

토핑을 2개 선택하실 수 있습니다.

Vous pouvez choisir 2 garnitures.

부 뿌베 슈와지흐 드 갸흐니뛰흐

추가 토핑당 2유로 50센트입니다.

C'est 2,50€ par garniture supplémentaire.

쌔 드즈호 쌩껑뜨 빠흐 갸흐니뛰흐 쒸쁠레멍때흐

supplémentaire는 '추가의'라는 뜻이 있습니다.

des heures supplémentaires 추가 시간

des dépenses supplémentaires 추가 지출

9. 맛에 대한 표현

주요표현

A : Aimez-vous les plats épicés?
애메 부 레 쁠라 에삐쎄

B : Oui, J'aime le piment rouge.
위 잼 르 삐멍 후쥬

A : 매운 것을 좋아하세요?

B : 네, 저는 고추를 좋아합니다.

어떤 맛인가요?

Ça a quel goût?
싸 아 껠 구

매우 맵습니다.

C'est très épicé.
쌔 트해 에삐쎄

맛있어요.

C'est bon.
쌔 봉

맛이 좋아요.

C'est délicieux.
쌔 델리씨유

고추가 소스의 맛을 없애네요.

Le piment masque le goût de la sauce.
르 삐멍 마스끄 르 구 드 라 쏘쓰

달아요.

C'est sucré.
쌔 쒸크헤

짜요.

C'est salé.
쌔 쌀레

너무 느끼합니다.

C'est trop gras.
쌔 트호 그하

쓴맛을 줍니다.

Ça donne un goût amer.
싸 돈느 엥 구 아매흐

신맛이 납니다.

Ça a un goût aigre.
싸 아 엥 구 애그흐

담백한 맛입니다.

Ça a une saveur légère.
싸 아 윈 싸뵈흐 레재흐

좀 싱겁습니다.

C'est un peu fade.
쌔 뗑 뽀 파드

10. 술을 마실 때

주요표현

A : Ça vous dirait de prendre un verre?
싸 부 디해 드 프헝드흐 엥 배흐

B : Pourquoi pas.
뿌흐꾸와 빠

A : 한잔 어떻습니까?

B : 그러지요.

뭘로 하시겠어요?

Qu'est-ce que vous prendrez?
깨 쓰 끄 부 프헝드헤

저는 생맥주로 하겠습니다.

Je prendrai une bière pression s'il vous plaît.
쥬 프헝드해 윈 비애흐 프해씨옹 씰 부 쁠래

거품이 너무 많지 않게 부탁드립니다.

Pas trop de mousse s'il vous plaît.
빠 트호 드 무쓰 씰 부 쁠래

건배! 위하여!

À votre santé! Tchin-tchin!
아 보트흐 썽떼 친 친

좀 더 드시겠습니까?

Vous en voulez un peu plus?
부 정 불레 엥 쁘 쁠뤼쓰

맥주 하나 더 주세요.

Une autre bière s'il vous plaît.
윈 오트흐 비애흐 씰 부 쁠래

너무 많이 마셨어요.

J'ai trop bu.
줴 트호 뷔

여기서 멈추겠습니다.(그만 마시겠습니다.)

Je m'arrête là.
쥬 마해뜨 라

벌써 좀 알딸딸하네요.

Je suis déjà un peu pompette.
쥬 쒸이 데쟈 엥 쁘 뽕빼뜨

이건 내가 내겠어요!

C'est ma tournée!
쌔 마 뚜흐네

pourquoi pas는 글자 그대로 '왜 안 되겠습니까'라는 뜻이지만, '좋아요, 그러지요'라는 뜻으로도 응용하여 사용할 수 있습니다.

11. 식사 시의 기타 요청

주요표현

A : Excusez-moi. Ma commande n'est pas sortie.
액쓰뀌제 무와 마 꼬멍드 내 빠 쏘흐띠

B : Un instant s'il vous plaît madame.
엥 앵스떵 씰 부 쁠래 마담

A : 주문한 게 안 나왔어요.

B : 잠시만 기다려 주세요, 부인.

제가 주문한 것이 아닙니다.

Ce n'est pas ce que j'ai commandé.
쓰 내 빠 쓰 끄 줴 꼬멍데

새 포크를 받을 수 있을까요?

Puis-je avoir une nouvelle fourchette?
쀠 쥬 아부와흐 윈 누밸르 푸흐쉣뜨

이 숟가락은 더럽습니다.

Cette cuillère est sale.
쌧 뀌이예흐 애 쌀르

내 음식이 차갑습니다.

Mon plat est froid.
몽 쁠라 애 프후와

빈 접시 하나 주시겠어요?

Puis-je avoir une assiette vide s'il vous plaît?
쀠 쥬 아부와흐 윈 아씨앳뜨 비드 씰 부 쁠래

더 오래 걸릴까요?

Ça va durer encore longtemps?
싸 바 뒤헤 엉꼬흐 롱떵

찬물 한 잔 주세요.

Puis-je avoir un verre d'eau glacée s'il vous plaît?
쀠 쥬 아부와흐 엥 배흐 도 글라쎄 씰 부 쁠래

수프 속에 뭔가 있어요.

Il y a quelque chose dans la soupe.
일리야 깰끄 쇼즈 덩 라 쑤쁘

테이블을 바꿔도 될까요?

Serait-il possible de changer de table?
쓰해띨 뽀씨블르 드 셩줴 드 따블르

주문한 음식은 언제 나오나요?

Quand aurais-je mon plat commandé?
껑 오해 쥬 몽 쁠라 꼬멍데

매니저에게 말하고 싶습니다.

Je veux parler au manager.
쥬 브 빠흘레 오 마나재흐

영어로 된 메뉴판이 있나요?

Avez-vous une carte en anglais?
아베 부 윈 까흐뜨 엉 넝글래

주요표현

A : L'addition s'il vous plaît.
라디씨옹 씰 부 쁠래

B : La voilà. Le repas vous a plu?
라 부왈라 르 흐빠 부 자 쁠뤼

A : 계산서 주세요.

B : 여기 있습니다. 식사는 마음에 드셨나요?

계산서에 오류가 있는 것 같습니다.

Je crois qu'il y a une erreur dans l'addition.
쥬 크후와 낄 리 야 윈 애회흐 덩 라디씨옹

커피를 3개로 세셨네요.

Vous m'avez compté 3 cafés.
부 마베 꽁떼 트후와 까페

하지만 저는 차 한 잔만 마셨습니다.

Mais j'ai seulement pris un thé.
매 쥈 쓸르멍 프히 엥 떼

저는 이것을 주문하지 않았어요.

Je n'ai pas commandé cela.
쥬 내 빠 꼬멍데 쓸라

얼마 드리면 되나요?

Combien je vous dois?
꽁비앵 쥬 부 두와

제 것은 제가 결재하게 해주세요.

Laissez-moi payer ma part.
래쎄 무와 빼이예 마 빠흐

저희는 따로 결재하겠습니다.

Nous payons séparément.
누 빼이용 쎄빠헤멍

제가 쏘겠습니다.

Je vous invite.
쥬 부 쟁비뜨

서비스(비)가 포함된 건가요?

Est-ce que le service est inclus?
애 쓰 끄 르 쌔흐비쓰 애 땡끌뤼

잔돈은 그냥 두세요!

Gardez la monnaie!
갸흐데 라 모내

inviter는 '초대하다'라는 뜻의 동사입니다. 'Je vous invite. 내가 당신을 초대하겠습니다.'는 '내가 쏘겠습니다.'의 의미로도 쓰일 수 있습니다.

관련단어

의류

vêtement	배뜨멍	男 의류
uniforme	위니포흐므	男 제복
smoking	스모낑	男 예복
manteau	멍또	男 외투
costume	꼬스뛰므	男 양복
chemise	슈미즈	女 셔츠, 와이셔츠
cravate	크하바뜨	女 넥타이
cardigan	꺄흐디겅	男 가디건
jean	진	男 청바지
veste	배스뜨	女 자켓
pantalon	뻥딸롱	男 바지
blouson	블루종	男 점퍼
bleu de travail	블르 드 트하바이	男 작업복
tee-shirt	띠셔흐뜨	男 티셔츠
robe	호브	女 원피스
chemisier	슈미지에	男 블라우스
soutien-gorge	쑤띠앵 고흐쥬	男 브래지어
jupe	쥐쁘	女 치마
pull	쀨	男 스웨터
pyjama	삐쟈마	男 잠옷
culotte	뀔로뜨	女 여성용 팬티
slip	쓸립	男 삼각팬티
sous-vêtement	쑤 배뜨멍	男 속옷

신발, 액세서리 등

chapeau	샤뽀	男 모자
casquette	꺄스꺳뜨	女 야구 모자
foulard	푸라흐	男 스카프
chaussette	쇼쌧뜨	女 양말
collant	꼴렁	男 스타킹
ceinture	쌩뛰흐	女 벨트
gant	겅	男 장갑
chaussures	쇼쒸흐	女 신발
chaussures à talons hauts	쇼쒸흐 아 딸롱 오	女 하이힐
baskets	바스꺳	女 운동화
accessoire	악쌔쑤와흐	男 액세서리
sac à main	싹 까 맹	男 핸드백
portefeuille	뽀흐뜨프이유	男 지갑
mouchoir	무슈와흐	男 손수건
bague	바그	女 반지
boucles d'oreilles	부끌르 도해이	女 귀걸이
collier	꼴리에	男 목걸이
bracelet	브하쓸래	男 팔찌
lunettes	뤼냇뜨	女 안경
montre	몽트흐	女 손목시계

양념

sauce	쏘쓰	女 소스
ketchup	꺳첩	男 케첩

관련단어

sauce tomate	쏘쓰 또마뜨	女 토마토 소스
mayonnaise	마요내즈	女 마요네즈
moutarde	무따흐드	女 머스타드
beurre	뵈흐	男 버터
sel	쌜	男 소금
poivre	뿌와브흐	男 후추
vinaigre	비내그흐	男 식초
huile d'olive	윌 돌리브	女 올리브오일
oignon	오니옹	男 양파
ail	아이	男 마늘

음료수

boisson	부와쏭	女 음료수
eau	오	女 물
eau minérale	오 미네할르	女 미네랄워터
eau gazeuse	오 가즈즈	女 탄산수
lait	래	男 우유
sprite	스프하이뜨	男 스프라이트
coca	꼬까	男 코카콜라
jus d'orange	쥐 도헝쥬	男 오렌지 주스
café	까페	男 커피
thé	떼	男 차
alcool	알꼴	男 술, 알코올
vin	뱅	男 와인
bière	비애흐	女 맥주
whisky	위스끼	男 위스키
cocktail	꼭땔	男 칵테일

champagne	셩빠뉴	男 샴페인
cognac	꼬냑	男 꼬냑

음식

nourriture	누히뛰흐	女 음식
petit-déjeuner	쁘띠 데쥬네	男 아침 식사
déjeuner	데쥬네	男 점심 식사
dîner	디네	男 저녁 식사
pain	빵	男 빵
riz	히	男 쌀밥, 쌀
céréales	쎄헤알르	女 곡물
soupe	쑤쁘	女 수프, 국
steak	스땍끄	男 스테이크
boeuf	뵈프	男 소고기
porc	뽀흐	男 돼지고기
poulet	뿔래	男 닭고기
œuf au plat	외프 오 쁠라	男 계란 프라이
poisson	뿌와쏭	男 생선
fruit de mer	프휘 드 매흐	男 해산물
saumon	쏘몽	男 연어
thon	똥	男 참치
homard	오마흐	男 바닷가재
crabe	크하브	男 게
crevette	크흐뱃뜨	女 새우
jambon	졍봉	男 햄
saucisse	쏘씨쓰	女 소시지
saucisson (sec)	쏘씨쏭 (쌕)	男 (건조) 소시지

관련단어

salade	쌀라드	囡 샐러드
entrée	엉트헤	囡 전채
dessert	데쌔흐	男 후식
glace	글라쓰	囡 아이스크림
gâteau	갸또	男 케이크
chocolat	쇼꼴라	男 초콜릿

맛

goût	구	男 맛
bon	봉	맛있는
délicieux	델리씨유	맛있는
piquant	삐껑	매운
chaud	쇼	뜨거운
épicé	에삐쎄	향신료를 넣은
tendre	떵드흐	연한
sucré	쒸크헤	단, 달콤한
salé	쌀레	짠
fade	파드	싱거운
amer	아매흐	쓴
aigre	애그흐	신, 시큼한
léger	레제	담백한
gras	그하	느끼한, 기름진
frit	프히	튀긴

8장

교통

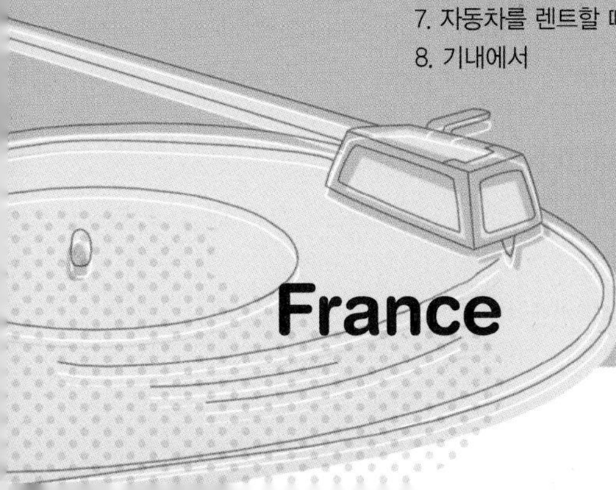

1. 길을 물을 때

주요표현

A : Où est le Louvre?
우 애 르 루브흐

B : Allez tout droit.
알레 뚜 드후와

A : 루브르는 어디에 있나요?

B : 직진해서 가세요.

죄송합니다 부인, 루브르 박물관을 찾고 있습니다.

Pardon madame, je cherche le musée du Louvre.
빠흐동 마담 쥬 쉐흐슈 르 뮈제 뒤 루브흐

어디로 가야 하나요?

C'est par où?
쌔 빠흐 우

거기에 걸어서 갈 수 있나요?

Je peux y aller à pied?
쥬 쁘 이 알레 아 삐에

여기에서 먼가요?

C'est loin d'ici?
쌔 루앵 디씨

그다지 멀지는 않습니다.

Pas vraiment loin.
빠 브해멍 루앵

바로 옆입니다.

C'est juste à côté.
쌔 쥐쓰 따 꼬떼

여기에서 가깝습니다.

C'est près d'ici.
쌔 프해 디씨

전철 또는 버스를 타세요.

Prenez le métro ou le bus.
프흐네 르 메트호 우 르 뷔쓰

여기에서 멉니다. 택시를 타세요.

C'est loin d'ici. Prenez un taxi.
쌔 루앵 디씨 프흐네 엥 딱씨

걸어서 얼마나 걸리나요?

Ça prend combien de temps à pied?
싸 프헝 꽁비앵 드 떵 아 삐에

▶**이동수단에 대해 말하기** : en+이동수단 / à+이동수단 → ~로

en bus 버스로
en avion 비행기로
en bateau 배로
en métro 전철로
à pied 걸어서
à vélo 자전거로
à moto 오토바이로

주요표현

A : Traversez cette rue.
트하배흐쎄 쎗 휘

B : Je vois. Merci.
쥬 부와 매흐씨

A : 이 길을 건너세요.

B : 알겠습니다. 감사합니다.

그쪽으로 가면 더 가깝습니다.

C'est plus près par là.
쌔 쁠뤼 프해 빠흐 라

여기입니다.

C'est ici.
쌔 띠씨

오른쪽[왼쪽]으로 도세요.

Tournez à droite[gauche].
뚜흐네 아 두후와뜨 고슈

우체국 앞을 지나셔야만 합니다.

Il faut que vous passiez devant la poste.
일 포 끄 부 빠씨에 드벙 라 뽀쓰뜨

페를르 거리까지 가세요.

Allez jusqu'à la rue de la Perle.
알레 쥐쓰꺄 라 휘 드 라 뻬흘르

은행 맞은편에 있습니다.

C'est en face de la banque.
쌔 떵 파쓰 드 라 벙끄

코너에 지하철역이 있습니다.

Il y a une station de métro au coin.
일리 야 윈 쓰따씨옹 드 메트호 오 꾸앵

직진해서 계속 가세요.

Continuez tout droit.
꽁띠뉘에 뚜 드후와

이 방향이 맞지요?

C'est bien dans cette direction?
쌔 비앵 덩 쌧 디핵씨옹

어느 방향인가요?

C'est dans quel sens?
쌔 덩 깰 썽쓰

Je vois.는 '나는 본다.'로 '알겠습니다.'의 뜻으로도 사용할 수 있습니다.
Ah! Oui, je vois. 아 ! 네, 알겠습니다.

주요표현

A : Est-ce que ce bus va jusqu'à la rue Victor Hugo?
애 쓰 끄 쓰 뷔쓰 바 쥐쓰꺄 라 휘 빅또흐 위고

B : Oui, montez.
위 몽떼

A : 이 버스는 빅토르 위고 거리까지 갑니까?

B : 네, 타세요.

이쪽으로 버스 정류장이 있나요?

Est-ce qu'il y a un arrêt de bus par ici?
애 쓰 낄 리 야 엥 나해 드 뷔쓰 빠흐 이씨

어느 쪽인가요?

C'est de quel côté?
쌔 드 깰 꼬떼

빅토르 위고 정류장에서 내리세요.

Vous descendez à l'arrêt Victor Hugo.
부 데썽데 아 라해 빅또흐 위고

어디서 버스표를 살 수 있나요?

Où puis-je acheter un ticket de bus?
우 쀠 쥬 아슈떼 엥 띠깨 드 뷔쓰

리옹 가는 버스표는 얼마인가요?

Combien coûte le ticket de bus pour Lyon?
꽁비앵 꾸뜨 르 띠께 드 뷔쓰 뿌흐 리옹

이 버스는 어느 방향으로 가나요?

Dans quelle direction va ce bus?
덩 깰르 디핵씨옹 바 쓰 뷔쓰

공항 가는 버스는 어디서 타야 하나요?

Où est-ce que je dois prendre le bus pour aller
우 애쓰 끄 쥬 두와 프헝드흐 르 뷔쓰 뿌흐 알레

à l'aéroport?
아 라에호뽀흐

다음 버스는 몇 시에 떠나나요?

À quelle heure part le prochain bus?
아 깰르 뢰흐 빠흐 르 프로쉥 뷔쓰

이 버스는 베르사유에서 서나요?

Ce bus s'arrête-t-il à Versailles?
쓰 뷔쓰 싸햇뜨 띨 아 배흐싸유

버스가 자주 지나가나요?

Est-ce que le bus passe souvent?
애쓰 끄 르 뷔쓰 빠쓰 쑤벙

▶ **정류장에 대해 말하기**

l'arrêt de bus 버스 정류장

la station de métro 지하철역

la gare 기차역

4. 택시를 이용할 때

주요표현

A : Monsieur, vous allez jusqu'où?
므씨으 부 잘레 쥐쓰꾸

B : La gare Montparnasse s'il vous plaît.
라 가흐 몽빠흐나쓰 씰 부 쁠래

A : 손님, 어디까지 가십니까?

B : 몽파르나스역 부탁합니다.

내일을 위해 택시를 예약하고 싶습니다.

Je voudrais réserver un taxi pour demain.
쥬 부드해 헤제흐베 엥 딱씨 뿌흐 드맹

공항까지 부탁드립니다.

À l'aéroport s'il vous plaît.
아 라에호뽀흐 씰 부 쁠래

비용이 얼마나 될까요?

Combien cela va coûter?
꽁비앵 쓸라 바 꾸떼

거기에 도착하려면 얼마나 걸릴까요?

Ça prend combien de temps pour y aller?
싸 프헝 꽁비앵 드 떵 뿌흐 이 알레

얼마 후에 택시가 여기에 올까요?

Dans combien de temps le taxi sera là?
덩 꽁비앵 드 떵 르 딱씨 쓰하 라

이 주소로 가주세요.

Pourriez-vous m'emmener à cette adresse?
뿌히에 부 멍므네 아 쌧 아드해쓰

도착했습니다!

On est arrivés!
옹 내 따히베

얼마 드리면 될까요?

Je vous dois combien?
쥬 부 두와 꽁비앵

카드로 결재해도 될까요?

Puis-je payer par carte bancaire?
쀠 쥬 빼이예 빠흐 꺄흐뜨 벙깨흐

영수증 주시겠습니까?

pourrais-je avoir une facture s'il vous plaît.
뿌해 쥬 아부와흐 윈 팍뛰흐 씰 부 쁠래

(돈) 여기 있습니다. 거스름돈은 가지세요.

Tenez, gardez la monnaie.
뜨네 갸흐데 라 모내

여기서 내릴게요.

Je descends ici.
쥬 데썽 이씨

주요표현

A : Où est-ce que je dois changer de métro?
우 애 쓰 끄 쥬 두와 셩줴 드 메트호

B : Changez le métro à la prochaine station.
셩줴 르 메트호 아 라 프로쉔 스따씨옹

A : 어디에서 전철을 환승해야 하나요?

B : 다음 전철역에서 갈아타세요.

전철역은 어디에 있나요?

Où est la station de métro.
우 애 라 쓰따씨옹 드 메트호

매표 창구들은 어디에 있나요?

Où sont les guichets?
우 쏭 레 기쉐

어떤 표를 사야 하나요?

Quel ticket est-ce que je dois acheter?
깰 띠깨 애 쓰 끄 쥬 두와 아슈떼

콩코르드에서 갈아타세요.

Changez à Concorde.
셩줴 아 꽁꼬흐드

어떤 역에서 갈아타야 하나요?

À quelle station est-ce que je dois descendre?
아 깰르 쓰따씨옹 애쓰 끄 쥬 두와 데썽드흐

직행인가요?

C'est direct?
쌔 디핵

출구는 어디에 있나요?

Où est la sortie?
우 애 라 쏘흐띠

6호선을 타세요.

Prenez la ligne six.
프흐네 라 리뉴 씨쓰

문의를 해도 될까요?

Excusez-moi, puis-je avoir des renseignements
액쓰뀌제 무와 쀠 쥬 아부와흐 데 헝쌔뉴멍

s'il vous plaît?
씰 부 쁠래

어떻게 하는 것인지 설명해 주실 수 있나요?

Est-ce que vous pouvez m'expliquer comment ça marche?
애 쓰 끄 부 뿌베 맥쓰쁠리께 꼬멍 싸 마흐슈

marcher는 '걷다'라는 뜻의 동사지만 '(일이) 진행되다'의 뜻으로도 사용할 수 있습니다.

Ça marche! 잘 되어갑니다!

6. 열차를 이용할 때

주요표현

A : À quelle heure part le train pour Marseille?
아 깰르 뢰흐 빠흐 르 트행 뿌흐 마흐쌔유

B : Il part à 10 heures.
일 빠흐 아 디 죄흐

A : 마르세유행 기차는 몇 시에 떠나나요?

B : 10시에 떠납니다.

자동 매표소는 어디에 있나요?

Où est la billetterie automatique?
우 애 라 비예뜨히 오또마띠끄

파리에서 마르세유 가는 표 하나 주세요.

Je voudrais un aller Paris-Marseille s'il vous plaît.
쥬 부드해 엥 날레 빠히 마흐쌔이유 씰 부 쁠래

왕복인가요 또는 편도인가요?

Un aller-retour ou un aller simple?
엥 날레 흐뚜흐 우 엥 날레 쌩쁠르

자리가 없습니다.

Il n'y a pas de place.
일 니 아 빠 드 쁠라쓰

흡연석 또는 비흡연석을 원하시나요?

Vous désirez une place fumeur ou non-fumeur?
부 데지헤 윈 쁠라쓰 퓌뫼흐 우 농 퓌뫼흐

비흡연석으로 2등석입니다.

Non fumeur en deuxième.
농 푸뫼흐 엉 드지앰

비용이얼마인가요?

얼마인가요?

Combien ça coûte?
꽁비앵 싸 꾸뜨

기차는 직행인가요?

Est-ce que le train est direct?
애 쓰 끄 르 트행 애 디핵

제 학생카드로 할인이 되나요?

Est-ce que j'ai droit à une réduction avec ma carte d'étudiant?
애 쓰 끄 줴 드후와 아 윈 헤뒥씨옹 아백(끄) 마 꺄흐뜨 데뛰디엉

어떻게 결재하시나요? 카드로 또는 현금으로?

Comment payez-vous? Par carte ou en liquide?
꼬멍 빼이예 부 빠흐 꺄흐뜨 우 엉 리끼드

현금으로 지불하겠습니다.

Je paye en liquide.
쥬 빼이유 엉 리끼드

7. 자동차를 렌트할 때

주요표현

A : Je voudrais louer une voiture pour une semaine.
쥬 부드해 루에 윈 부와뛰흐 뿌흐 윈 쓰맨느

B : Quel type de voiture voulez-vous?
깰 띠쁘 드 부와뛰흐 불레 부

A : 일주일간 자동차를 렌트하고 싶습니다.

B : 어떤 타입의 자동차를 원하시나요?

어떤 자동차를 원하시나요?

Quelle voiture voulez-vous?
깰르 부와뛰흐 불레 부

큰[작은] 자동차를 렌트하고 싶습니다.

J'aimerais louer une grande[petite] voiture.
재므해 루에 윈 그헝드 쁘띠뜨 부와뛰흐

디젤 모델인가요?

C'est un modèle diesel?
쌔 땡 모댈 디에잴

저희는 휘발류(차)들밖에 더 이상 없습니다.

Nous n'avons plus que des essences.
누 나봉 쁠뤼 끄 데 제썽쓰

며칠간 쓰실 건가요?

Ce sera pour combien de jours?
쓰 쓰하 뿌흐 꽁비앵 드 쥬흐

일주일간 자동차를 렌트하고 싶습니다.

Je voudrais louer la voiture pour une semaine.
쥬 부드해 루에 라 부와뛰흐 뿌흐 윈 쓰맨느

렌트한 자동차는 어디로 반납해야 하나요?

Où dois-je rendre la voiture louée.
우 두와 쥬 헝드흐 라 부와뛰흐 루에

공항에 반납할 수 있을까요?

Puis-je la retourner à l'aéroport?
쀠 쥬 라 흐뚜흐네 아 라에호뽀흐

'김'의 이름으로 자동차를 예약했습니다.

J'ai réservé une voiture au nom de KIM.
줴 헤재흐베 윈 부와뛰흐 오 농 드 낌

면허가 있으신가요?

Vous avez votre permis de conduire?
부 자베 보트흐 빼흐미 드 꽁뒤흐

'Je voudrais louer une voiture pour une semaine. 일주일간 자동차를 렌트하고 싶습니다.'에서 pour는 '~간'이라는 뜻으로, 뒤에 기간 관련 단어가 올 수 있습니다.

Je serai en France pour un mois. 프랑스에 한 달간 있을 것입니다.

주요표현

A : Où est mon siège?
우 애 몽 씨애쥬

B : C'est à côté de la fenêtre.
쌔 따 꼬떼 드 라 프내트흐

A : 제 자리는 어디인가요?

B : 창문 옆입니다.

실례합니다.

Excusez-moi.
액쓰뀌제 무와

여기에 앉아도 될까요?

Puis-je m'asseoir ici?
쀠 쥬 마쑤와흐 이씨

(안전)벨트를 매주시기 바랍니다.

Veuillez attacher votre ceinture.
뵈예 아따쉐 보트흐 쌩뛰흐

마실 것을 드릴까요?

Voulez-vous quelque chose à boire?
불레 부 깰끄 쇼즈 아 부와흐

짐 하나만 비행기에 허용됩니다.

Un seul bagage est autorisé dans l'avion.
엥 쐴 바가쥬 애 또또히제 덩 라비옹

오렌지 주스 한 잔 부탁드립니다.

Je voudrais un verre de jus d'orange s'il vous plaît.
쥬 부드해 엥 배흐 드 쥐 도헝쥬 씰 부 쁠래

화장실은 어디에 있나요?

Où sont les toilettes?
우 쏭 레 뚜왈랫뜨

기내에서 면세품을 살 수 있나요?

Puis-je acheter des produits détaxés à bord?
쀠 쥬 아슈떼 데 프호뒤 데딱쌔 아 보흐

샤를드골 공항에 언제 도착하나요?

Quand arrivons-nous à l'aéroport de Roissy-
껑 아히봉 누 아 라에호뽀흐 드 후와씨

Charles de Gaulle?
샤흘르 드 골르

입국신고서를 어떻게 작성하나요?

Comment est-ce qu'on remplit la carte de débarquement?
꼬멍 애 쓰 꽁 헝쁠리 라 꺄흐뜨 드 데바흐끄멍

무엇인가를 원하고 상대방에게 공손하게 대하고자 할 때에는 je voudrais를 사용합니다.

Je voudrais un café. 저는 커피를 원합니다.

Je voudrais un verre d'eau. 저는 물 한 잔을 원합니다.

관련단어

교통수단

transport	트헝쓰뽀흐	男 교통
roquette	호깻뜨	女 로켓
navette spatiale	나뱃뜨 쓰빠씨알르	女 우주왕복선
aéroport	아에호뽀흐	男 공항
avion	아비옹	男 비행기
hélicoptère	엘리꼽때흐	男 헬기
train	트행	男 기차
station de métro	쓰따씨옹 드 메트호	女 지하철역
taxi	딱씨	男 택시
bus	뷔쓰	男 버스
navette	나뱃뜨	女 셔틀버스
autocar de tourisme	오또까흐 드 뚜히씀므	男 관광버스
limousine	리무진	女 리무진버스
camion	까미옹	男 트럭
ambulance	엉뷜렁쓰	女 구급차
camion de pompiers	까미옹 드 뽕삐에	男 소방차
voiture de sport	부와뛰흐 드 쓰뽀흐	女 스포츠카
funiculaire	퓌니뀔래흐	男 케이블카
moto	모또	女 오토바이
vélo	벨로	男 자전거
bicyclette	비씨끌랫뜨	女 자전거
port	뽀흐	男 항구
quai	깨	男 선착장
bateau	바또	男 보트
bateau à voile	바또 아 부왈르	男 돛단배

방향에 관한 표현

direction	디핵씨옹	女 방향
est	애쓰뜨	동쪽
ouest	우애쓰뜨	서쪽
sud	쒸드	남쪽
nord	노흐	북쪽
sud-est	쒸대쓰뜨	동남쪽
sud-ouest	쒸두애쓰뜨	서남쪽
nord-est	노흐애쓰뜨	동북쪽
nord-ouest	노흐우애쓰뜨	서북쪽
(à) droite	(아) 드후와뜨	오른쪽(에)
(à) gauche	(아) 고쉬	왼쪽(에)
en haut	엉 오	위로, 위에
en bas	엉 바	아래로, 아래에
(à) côté	(아) 꼬떼	옆(에)
près	프해	가까이에
devant	드벙	앞에
derrière	대히애흐	뒤에
dans	덩	안에
à l'intérieur	아 랭떼히외흐	안에, 내부에
à l'extérieur	아 랙쓰떼히외흐	밖에, 외부에
entrée	엉트헤	女 입구
sortie	쏘흐띠	女 출구
carrefour	까흐푸흐	男 교차로
passage piéton	빠싸쥬 삐에똥	男 횡단보도
section	쌕씨옹	女 구간
feu (de circulation)	프 (드 씨흐뀔라씨옹)	男 신호등

관련단어

feu (tricolore)	프 (트히꼴로흐)	男 신호등
feu vert	프 배흐	파란 신호
feu orange	프 오헝쥬	노란 신호
feu rouge	프 후쥬	빨간 신호
Tournez à droite.	뚜흐네 아 드후와뜨	우회전하세요.
Tournez à gauche.	뚜흐네 아 고슈	좌회전하세요.
Allez au sud.	알레 오 쒸드	남쪽으로 가세요.
Allez tout droit.	알레 뚜 드후와	곧장 가세요.
Longez cette rue.	롱제 쌧 휘	이 길을 따라 가세요.
Traversez cette rue.	트하배흐쎄 쌧 휘	이 길을 건너세요.
Faites demi-tour.	패뜨 드미 뚜흐	유턴하세요.

관광

9장

1. 출입국 심사
2. 수하물 찾기
3. 세관에서
4. 방 예약, 방 구하기
5. 체크인 하기
6. 룸서비스
7. 각종 문의
8. 체크아웃 하기
9. 관광지에서
10. 사진을 찍을 때

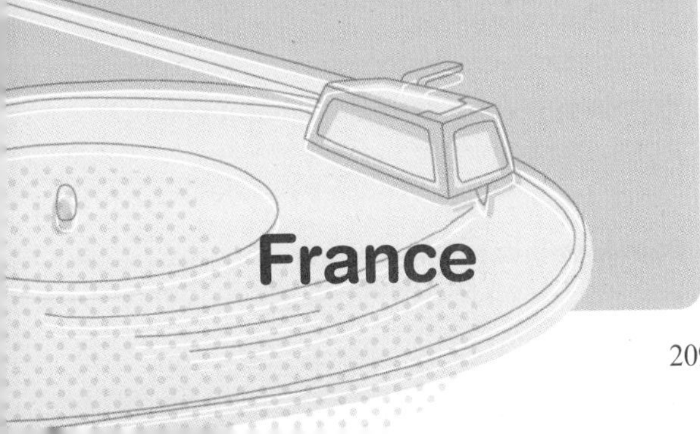

1. 출입국 심사

주요표현

A : Quel est l'objet de votre visite?
깰 애 로브재 드 보트흐 비지뜨

B : C'est une visite touristique.
쌔 뛴 비지뜨 뚜히스띠끄

A : 방문 목적이 무엇입니까?

B : 관광차 왔습니다.

사업차 왔습니다.

C'est un voyage d'affaires.
쌔 뗑 부와야쥬 다패흐

제 학업 때문입니다.

C'est pour mes études.
쌔 뿌흐 메 제뛰드

프랑스 내 목적지가 어디십니까?

Quelle est votre destination en France?
깰르 애 보트흐 데스띠나씨옹 엉 프헝쓰

입국신고서를 볼 수 있을까요?

Puis-je voir votre carte de débarquement?
쀠 쥬 부와흐 보트흐 꺄흐뜨 드 데바흐끄멍

여권을 볼 수 있을까요?

Puis-je voir votre passeport?
쀠 쥬 부와흐 보트흐 빠쓰뽀흐

(여권) 여기 있습니다.

Le voilà.
르 부왈라

얼마나 계실 건가요?

Combien de temps allez-vous rester?
꽁비앵 드 떵 알레 부 해스떼

한 달입니다.

Un mois.
엥 무와

어디에 묵으실 건가요?

Où allez-vous loger?
우 알레 부 로줴

파리에 있는 ABC호텔에 있을 겁니다.

Je serai à l'hôtel ABC, à Paris.
쥬 쓰해 아 로뗄 아베쎄 아 빠히

제 프랑스인 친구들 집에 있을 겁니다.

Je serai chez mes amis français.
쥬 쓰해 쉐 메 자미 프헝쌔

프랑스 방문이 처음입니까?

Est-ce votre première visite en France?
애 쓰 보트흐 프흐미애흐 비지뜨 엉 프헝쓰

2. 수하물 찾기

주요표현

A : Où puis-je récupérer mes bagages?
우 쀠 쥬 헤뀌뻬헤 메 바가쥬

B : Suivez ce signe là-bas.
쒸이베 쓰 씨뉴 라 바

A : 어디에서 제 짐들을 찾을 수 있을까요?
B : 저기 표시를 따라가세요.

실례합니다, 제 짐들이 안 보입니다.

Excusez-moi, je ne vois pas mes bagages.
액쓰뀌제 무와 쥬 느 부와 빠 메 바가쥬

제 짐이 아직 안 나왔습니다.

Mon bagage n'est pas encore sorti.
몽 바가쥬 내 빠 정꼬흐 쏘흐띠

(짐들이) 분실된 것 같습니다.

Je crois qu'ils sont perdus.
쥬 크후와 낄 쏭 뻬흐뒤

분실센터에 가보세요.

Allez au service bagages perdus.
알레 오 쌔흐비쓰 바가쥬 뻬흐뒤

제 짐 가방들을 못 찾겠습니다.

Je n'arrive pas à trouver mes valises.
쥬 나히브 빠 아 트후베 메 발리즈

제 짐들을 찾는 걸 도와주시겠습니까?

Pourriez-vous m'aider à retrouver mes bagages?

뿌히에 부 매데 아 흐트후베 메 바가쥬

항공편 번호가 어떻게 되시나요?

Quel est votre numéro de vol?

깰 애 보트흐 뉘메호 드 볼

AF797 항공편으로 도착했습니다.

Je suis arrivé par le vol AF797.

쥬 쒸이 자히베 빠흐 르 볼 아에프쌧썽쌧

짐표를 볼 수 있을까요?

Puis-je voir votre étiquette bagage?

쀠 쥬 부와흐 보트흐 에띠깻뜨 바가쥬

당신의 짐 가방을 묘사해 줄 수 있으신가요?

Pourriez-vous me décrire votre bagage?

뿌해에 부 므 데크히흐 보트흐 바가쥬

큰 검은색 짐 가방입니다.

C'est un grand bagage noir.

쌔 뗑 그헝 바가쥬 누와흐

제 짐 가방이 손상되었습니다.

Mon bagage est abîmé.

몽 바가쥬 애 따비메

---

3. 세관에서

주요표현

A : Avez-vous des choses à déclarer?
아베 부 데 쇼즈 아 데끌라헤

B : Non, rien du tout.
농 히앵 뒤 뚜

A : 신고할 물건들이 있으십니까?

B : 아니요, 아무것도 없습니다.

세관신고서를 작성해 주십시오.

Veuillez remplir un formulaire de déclaration de douane.
뵈이예 헝쁠리흐 엥 포흐뮐래흐 드 데끌라하씨옹 드 두안느

가방을 열어주시겠습니까?

Pourriez-vous ouvrir votre sac s'il vous plaît?
뿌히에 부 우브히흐 보트흐 싸끄 씰 부 쁠래

큰 여행 가방 안에는 무엇이 있습니까?

Qu'est-ce que vous avez dans la grande valise?
깨 쓰 끄 부 자베 덩 라 그헝드 발리즈

가족 선물들이 있습니다.

Il y a des cadeaux pour ma famille.
일리야 데 꺄도 뿌흐 마 파미유

와인과 담배들만 있습니다.

Seulement du vin et des cigarettes.
쓸르멍 뒤 뱅 에 데 씨가헷뜨

와인은 몇 병 있습니까?

Combien de bouteilles de vin avez-vous?
꽁비앵 드 부때이 드 뱅 아베 부

두 병 있습니다.

deux bouteilles.
드 부때이

담배는 얼마나 있습니까?

Combien de cigarettes avez-vous?
꽁비앵 드 씨가햇뜨 아베 부

(저는) 10갑 있습니다.

J'ai 10 paquets.
줴 디 빠깨

이것은 뭔가요?

Qu'est-ce que c'est?
깨 쓰 끄 쌔

이 물건은 관세를 내셔야 합니다.

Vous devrez payer une taxe pour ce produit.
부 드브헤 빼이예 윈 딱쓰 뿌흐 쓰 프호뒤

이게 제가 가진 전부입니다.

C'est tout ce que j'ai.
쌔 뚜 쓰 끄 줴

주요표현

A : Je voudrais réserver une chambre.
쥬 부드해 헤재흐베 윈 셩브흐

B : Puis-je avoir votre nom et numéro de téléphone?
쀠 쥬 아부와흐 보트흐 농 에 뉘메호 드 뗄레폰

A : 방 하나 예약하고 싶습니다.

B : 성함과 전화번호를 알려주시겠습니까?

1인용 방 하나를 예약하고 싶습니다.

Je voudrais réserver une chambre pour une personne.
쥬 부드해 헤재흐베 윈 셩브흐 뿌흐 윈 빼흐쏜

싱글 침대 두 개인 방을 원합니다.

Je voudrais une chambre avec un lit simple.
쥬 부드해 윈 셩브흐 아백끄 엥 리 쌩쁠르

더블 침대의 방을 원합니다.

Je voudrais une chambre avec un grand lit.
쥬 부드해 윈 셩브흐 아백끄 엥 그헝 리

언제 도착하실 생각이십니까?

Quand pensez-vous arriver?
껑 뻥쎄 부 아히베

내일 저녁에 도착할 것입니다.

J'arriverai demain soir.
쟈히브해 드맹 쑤와흐

저는 이주영입니다. 전화번호는 01 23 12 34 16입니다.

Je m'appelle Jooyung LEE et mon numéro de
쥬 마뻴르 주영 리 에 몽 뉘메호 드

téléphone est le 01 23 12 34 16.
뗄레폰 애 르 제호엥 뱅트후와 두즈 트헝뜨까트흐 쌔쥬

며칠 있으실 예정이신가요?

Vous comptez rester combien de jours?
부 꽁떼 해스떼 꽁비앵 드 쥬흐

방에 에어컨이 있나요?

Il y a la climatisation dans la chambre?
일리야 라 끌리마띠자씨옹 덩 라 셩브흐

방에서 바다가 보이나요?

Est-ce que la chambre donne sur la mer?
애 쓰 끄 라 셩브흐 돈느 쒸흐 라 매흐

예약을 바꾸고자[취소하고자] 합니다.

Je voudrais modifier[annuler] ma réservation.
쥬 뷰드해 모디피에 아뉠레 마 헤재흐바씨옹

전화번호나 팩스번호는 두 자리씩 묶어서 읽습니다.
01 24 33 12 16 → 제호앵 뱅까트흐 트헝트트후와 두즈 쌔즈

주요표현

A : Avez-vous une chambre libre?
아베 부 윈 셩브흐 리브흐

B : Oui, madame.
위 마담

A : 빈방 있습니까?

B : 네, 부인.

일박하는 데 얼마인가요?

C'est combien par nuit?
쌔 꽁비앵 빠흐 뉘이

싱글 침대 2개인 방으로 할 수 있을까요?

Pourrais-je avoir une chambre avec 2 lits simples?
뿌해 쥬 아부와흐 윈 셩브흐 아백끄 드 리 쌩쁠르

어떤 이름으로 예약하셨나요?

À quel nom avez-vous fait la réservation?
아 깰 농 아베 부 패 라 헤재흐바씨옹

'이'의 이름으로 했습니다.

Au nom de LEE.
오 농 드 리

여권을 요청드려도 될까요?

Pourrais-je vous demander votre passeport?
뿌해 쥬 부 드멍데 보트흐 빠쓰뽀흐

죄송합니다. 가능한 방이 더 이상 없습니다.

Je suis désolée. Nous n'avons plus de chambre
쥬 쒸이 데졸레 누 나봉 쁠뤼 드 셩브흐

disponible.
디스뽀니블르

체크인 시간은 오후 2시입니다.

L'heure d'enregistrement est à 14 heures.
뢰흐 덩흐지스트흐멍 애 따 까또흐죄흐

여기 열쇠입니다. 123번 방입니다.

Voici votre clé. Chambre 123.
부와씨 보트흐 끌레 셩브흐 썽뱅트후와

죄송합니다. 엘리베이터는 어디에 있나요?

Excusez-moi. Où est l'ascenseur?
액쓰뀌제 무와 우 애 라썽쐬흐

왼쪽에 엘리베이터가 하나 있습니다.

Vous avez un ascenseur sur votre gauche.
부 자베 엥 나썽쐬흐 쒸흐 보트흐 고슈

방까지 짐들을 가져다 드리겠습니다.

Nous vous apporterons les bagages à votre chambre.
누 부 자뽀흐뜨홍 레 바가쥬 아 보트흐 셩브흐

주요표현

A : Le service de chambre. Comment puis-je vous aider?
르 쌔흐비쓰 드 셩브흐 꼬멍 쀠 쥬 부 재데

B : Puis-je avoir le petit-déjeuner dans ma chambre?
쀠 쥬 아부와흐 르 쁘띠 데쥬네 덩 마 셩브흐

A : 룸서비스입니다. 무엇을 도와드릴까요?

B : 아침 식사를 제 방에서 해도 될까요?

에어컨이 작동하지 않습니다.

L'air conditionné ne marche pas.
래흐 꽁디씨온네 느 마흐슈 빠

새벽 5시에 깨워주실 수 있나요?

Pourriez-vous me réveiller à 5 heures du matin?
뿌히에 부 므 헤배이예 아 쌩 꾀흐 뒤 마땡

아침 뷔페는 몇 시에 시작하나요?

Le buffet de petit-déjeuner commence à quelle heure?
르 뷔패 드 쁘띠 데쥬네 꼬멍쓰 아 깰 뢰흐

아기 침대가 있습니까?

Avez-vous un lit bébé?
아베 부 엥 리 베베

방이 더럽습니다.

La chambre est sale.
라 셩브흐 애 쌀르

방이 너무 시끄럽습니다.

La chambre est trop bruyante.
라 셩브흐 애 트호 브휘영뜨

방을 바꾸고 싶습니다.

Je voudrais changer de chambre s'il vous plaît.
쥬 부드해 셩줴 드 셩브흐 씰 부 쁠래

방 안에 열쇠를 놓고 왔습니다.

J'ai laissé la clé dans la chambre.
줴 래쎄 라 끌레 덩 라 셩브흐

타월이 없습니다.

Il n'y a pas de serviette.
일 니 아 빠 드 쌔흐비앳뜨

휴지가 없습니다.

Il n'y a pas de papier toilette.
일 니 아 빠 드 빠삐에 뚜왈랫뜨

세탁 서비스를 요청할 수 있을까요?

Puis-je vous demander un service de blanchisserie?
쀠 쥬 부 드멍데 엥 쌔흐비쓰 드 블렁쉬쓰히

뜨거운 물이 나오지 않습니다.

Il n'y a pas d'eau chaude.
일 니 아 빠 도 쇼드

7. 각종 문의

주요표현

A : Puis-je déposer mes objets de valeur ici?
쀠 쥬 데뽀제 메 조브재 드 바뢰흐 이씨

B : Oui, madame. Mettez-les dans cette enveloppe.
위 마담 매떼 레 덩 쌧뜨 엉블로쁘

A : 귀중품을 여기에 맡길 수 있습니까?

B : 네, 부인. 이 봉투 안에 넣어주십시오.

방 안에 개인 금고가 있나요?

Il y a un coffre individuel dans la chambre.
일리야 엥 꼬프흐 앵디비뒤앨 덩 라 셩브흐

한국으로 이 소포를 보내고 싶습니다.

Je voudrais envoyer ce colis en Corée.
쥬 부드해 엉부와예 쓰 꼴리 엉 꼬헤

저한테 온 메시지가 있나요?

Est-ce qu'il y a des messages pour moi.
애 쓰 낄 리 야 데 메싸쥬 뿌흐 무와

와이파이는 무료[유료]인가요?

Est-ce que le WIFI est gratuit[payant]?
애 쓰 끄 르 위피 애 그하뛰 빼이영

인터넷 접속 비밀번호가 어떻게 되나요?

Quel est le code d'accès à internet s'il vous plaît?
깰 애 르 꼬드 닥쌔 아 앵때흐냇 씰 부 쁠래

제 방에서 인터넷을 사용할 수 있나요?

Est-il possible de se connecter à internet dans
애 띨 뽀씨블르 드 쓰 꼬넥떼 아 앵때흐냇 덩

ma chambre?
마 셩브흐

여기서 팩스를 보낼 수 있습니까?

Puis-je envoyer un fax ici?
쀠 쥬 엉부와예 엥 팍쓰 이씨

여기서 환전할 수 있습니까?

Puis-je changer de l'argent ici?
쀠 쥬 셩줴 드 라흐졍 이씨

저녁까지 이 짐을 보관해 주시겠습니까?

Pourriez-vous me garder ce bagage jusqu'au soir?
뿌히에 부 므 갸흐데 쓰 바가쥬 쥐쓰꼬 쑤와흐

짐을 찾으러 왔습니다.

Je suis venue reprendre mon bagage.
쥬 쒸이 브뉘 흐프헝드흐 몽 바가쥬

▶**Est-il possible de+동사원형** : ~가 가능합니까?
Est-il possible de garer la voiture? 자동차 주차가 가능합니까?
Est-il possible d'envoyer une lettre? 편지를 보낼 수 있습니까?

8. 체크아웃 하기

주요표현

A : Je voudrais régler ma note maintenant.
쥬 부드해 헤글레 마 노뜨 맹뜨넝

B : Avez-vous apporté la clé de votre chambre?
아베 부 아뽀흐떼 라 끌레 드 보트흐 섕브흐

A : 지금 정산을 하고 싶습니다.

B : 방 열쇠를 가지고 오셨습니까?

몇 시에 체크아웃 해야 합니까?

À quelle heure devons-nous libérer la chambre?
아 깰르 외흐 드봉 누 리베헤 라 섕브흐

체크아웃 시간은 아침 11시입니다.

L'heure de départ est à 11 heures du matin.
뢰흐 드 데빠흐 애 따 옹 죄흐 뒤 마땡

하룻밤 더 있고 싶습니다.

Je voudrais rester une nuit de plus.
쥬 부드해 해스떼 윈 뉘이 드 쁠뤼쓰

출발 시간을 연장해도 될까요?

Puis-je prolonger mon heure de départ?
쀠 쥬 프호롱줴 몽 뇌흐 드 데빠흐

방의 미니바를 사용하셨습니까?

Avez-vous utilisé le minibar de votre chambre?
아베 부 위띨리제 르 미니바흐 드 보트흐 섕브흐

지불 방법은 어떻게 되나요?

Quel sera votre mode de règlement?

깰 쓰하 보트흐 모드 드 해글르멍

신용카드로 해주세요.

Par carte de crédit s'il vous plaît.

빠흐 꺄흐뜨 드 크헤디 씰 부 쁠래

세탁 서비스를 이용하셨네요.

Vous avez utilisé les services de pressing.

부 자베 위띠릴제 레 쌔흐비쓰 드 프해씽

계산서에 잘못된 게 있는 것 같습니다.

Je pense qu'il y a une erreur sur la note.

쥬 뻥쓰 낄 리 야 윈 애회흐 쒸흐 라 노뜨

짐 내리는 걸 도와주시겠습니까?

Vous pourriez m'aider à descendre mes bagages?

부 뿌히에 매데 아 데썽드흐 메 바가쥬

'지불'이란 단어는 'règlement 결제, 지불'과 'paiement 지불, 지불금' 등이 있습니다. 이것에 관한 동사로는 'régler 결제하다'와 'payer 지불하다'가 있습니다.

주요표현

A : Quels sont les sites touristiques à visiter ici?
깰 쏭 레 씨뜨 뚜히스띠끄 아 비지떼 이씨

B : Le musée municipal est très connu ici.
르 뮈제 뮈니씨빨 애 트해 꼬뉘 이씨

A : 이곳에 어떤 관광명소들이 있나요?

B : 여기는 시립박물관이 아주 유명합니다.

관광안내소가 어디에 있나요?

Où se trouve l'office du tourisme.
우 쓰 트후브 로피쓰 뒤 뚜히스므

여기서 관광안내서를 받을 수 있나요?

Puis-je avoir un dépliant touristique ici?
쀠 쥬 아부와흐 엥 데쁠리엉 뚜히스띠끄 이씨

여기에서 시내 지도를 얻을 수 있나요?

Puis-je avoir un plan de la ville d'ici?
쀠 쥬 아부와흐 엥 쁠렁 드 라 빌 디씨

어느 곳을 구경하고 싶으세요?

Quel endroit aimeriez-vous visiter?
깰 엉드후와 애므히에 부 비지떼

어떤 것이 볼 만합니까?

Qu'est-ce qu'il y a d'intéressant à voir?
깨 쓰 낄 리 야 댕때해썽 아 부와흐

어떤 관광명소를 추천하시겠습니까?

Quel site touristique est-ce que vous me conseillez?
깰 씨뜨 뚜히스띠끄 애 쓰 끄 부 므 꽁쌔예

저는 시내일주 관광을 추천하고 싶습니다.

Je vous propose de faire un tour en ville.
쥬 부 프호뽀즈 드 패흐 엥 뚜흐 엉 빌

가이드 안내는 몇 시에 시작됩니까?

Les visites guidées commencent à quelle heures?
레 비지뜨 기데 꼬멍쓰 아 깰 뢰흐

투어 프로그램 참여 비용은 1인당 얼마입니까?

La participation au programme touristique coûte combien par personne.
라 빠흐띠씨빠씨옹 오 프호그함 뚜히스띠끄 꾸뜨 꽁비앵 빠흐 빼흐쏜

식사도 포함되나요?

Est-ce que le repas est compris?
애 쓰 끄 르 흐빠 애 꽁프히

파리에는 볼 만한 것이 뭐 있나요?

Qu'est-ce qu'il y a à voir à paris?
깨 쓰 낄 리 야 아 부와흐 아 빠히

주요표현

A : Pourriez-vous nous prendre en photo?
뿌히에 부 누 프헝드흐 엉 포또

B : Bien sûr. Dites «Ouistiti»!
비앵 쒸흐 디뜨 위쓰띠띠

A : 저희 사진 좀 찍어주시겠습니까?

B : 물론이지요. 《위쓰띠띠(마모셋원숭이)》 하세요!

어떻게 작동하는 겁니까?

Comment ça marche?
꼬멍 싸 마흐슈

여기 이 버튼을 누르세요.

Appuyez sur ce bouton ici.
아쀠이예 쒸흐 쓰 부똥 이씨

알겠습니다. 조금 더 가까이 오세요.

D'accord. Approchez-vous un peu plus.
다꼬흐 아프호쉐 부 엥 쁘 쁠뤼쓰

완벽합니다. 움직이지 마세요.

C'est parfait. Ne bougez pas.
쌔 빠흐패 느 부줴 빠

됐나요?

Ça y est?
싸 이 애

(카메라) 작동을 못 시키겠네요.

Je n'arrive pas à la faire marcher.
쥬 나히브 빠 아 라 패흐 마흐쉐

약 3초 동안 버튼을 눌러야 합니다.

Il faut appuyer sur le bouton pendant environ 3 secondes.
일 포 아쀠예 쒸흐 르 부똥 뻥덩 엉비홍 트후와 쓰공드

이해했습니다. 준비되셨나요?

J'ai compris. Vous êtes prêt?
줴 꽁프히 부 재뜨 프해

웃으세요!

Souriez!
쑤히에

좋습니다, (사진을 보여주며) 여기 있습니다.

C'est bon, voilà.
쌔 봉 부왈라

'Ça y est? 됐나요?'라는 질문을 'Ça y est. 됐어요.'라는 대답 형태로 만들어 쓸 수 있습니다.

관련단어

비행기

commandant de bord	꼬멍덩 드 보흐	男 기장
pilote	삘로뜨	男 기장, 조종사
copilote	꼬삘로뜨	男 부조종사
hôtesse de l'air	오때쓰 드 래흐	女 여승무원
équipage	에끼빠쥬	男 승무원
écouteur	에꾸뙤흐	男 이어폰
casque audio	까스끄 오디오	男 헤드폰
prise de courant	프히즈 드 꾸헝	女 콘센트
masque à oxygène	마스끄 아 옥씨잰느	男 산소호흡기
gilet de sauvetage	질래 드 쏘브따쥬	男 구명조끼
sortie d'urgence	쏘흐띠 뒤흐정쓰	女 비상출구
occupé	오뀌뻬	사용 중(*화장실 문)
libre	리브흐	비어 있는
bouton d'appel	부똥 다뻴	男 호출버튼
ne pas fumer	느 빠 퓌메	금연하다
Retournez à votre siège. 흐뚜흐네 아 보트흐 씨애쥬		좌석으로 돌아가세요.

공항 내 주요 안내 표시

aéroport	아에로뽀흐	男 공항
bureau d'information	뷔호 댕포흐마씨옹	男 안내소
arrivée	아히베	女 도착
départ	데빠흐	男 출발
correspondance	꼬해스뽕덩쓰	女 환승
transit	트헝짓	男 통과

entrée	엉드헤	女 입구
sortie	쏘흐띠	女 출구
entrée interdite	엉트헤 앵때흐디뜨	女 출입금지
zone privée	존느 프히베	女 제한 구역
étranger	에트헝제	男 외국인
visiteur	비지띄흐	男 방문자
citoyens français	씨뚜와옝 프헝쌔	男 프랑스 시민들
contrôle d'immigration	꽁트홀르 디미그하씨옹	男 출입국 관리
douane	두안느	女 세관
contrôle sanitaire	꽁트홀르 싸니때흐	男 검역
sécurité	쎄뀌히떼	女 보안
retrait des bagages	흐트해 데 바가쥬	男 짐 찾는 곳
carrousel	까후쌜	男 짐 찾는 곳에 있는 컨베이어
bureau des objets trouvés	뷔호 데 조브재 트후베	男 분실물 센터
salle d'attente	쌀르 다떵뜨	女 대기실, 휴게실
banque	벙끄	女 은행
bureau de change	뷔호 드 셩쥬	男 환전
boutique hors-taxes	부띠끄 오흐 딱쓰	女 면세점
location de voiture	로까씨옹 드 부와뛰흐	女 렌터카
station de taxi	스따씨옹 드 딱씨	女 택시 승강장
arrêt de bus	아해 드 뷔쓰	男 버스 승강장

호텔

hall d'hôtel	올 도뗄	男 호텔 로비

관련단어

réception de l'hôtel	헤쎕씨옹 드 로뗄	女 호텔 안내창구, 접수대
prix de la chambre	프히 드 라 셩브흐	男 객실요금
petit déjeuner	쁘띠 데쥬네	男 아침 식사
suite	쓰위뜨	女 스위트룸
chambre familiale	셩브흐 파밀리알르	女 가족실
salle de réunion	쌀 드 헤위니옹	女 회의실
femme de chambre	팜 드 셩브흐	女 객실담당 여종업원
bagagiste	바가지쓰뜨	男 운반 서비스 직원
pourboire	뿌흐부와흐	男 팁
réveil téléphonique	헤베이 뗄레포니끄	男 모닝콜 서비스
chambre simple	셩브흐 쌩쁠르	女 1인용 침대가 1개인 객실
chambre double	셩브흐 두블르	女 2인용 침대가 1개인 객실
groom	그훔	男 벨보이(짐 운반 및 보관 업무 담당자)

위급상황 10장

1. 도둑맞았을 때
2. 물건을 잃어버렸을 때
3. 사고를 당했을 때

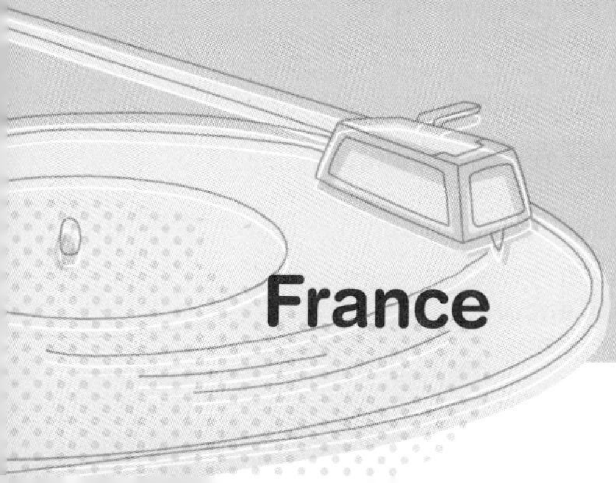

1. 도둑맞았을 때

주요표현

A : Qu'est-ce qui vous arrive?
깨 쓰 끼 부 자히브

B : On m'a volé mon portefeuille.
옹 마 볼레 몽 뽀흐뜨푀이유

A : 무슨 일이십니까?

B : 제 지갑을 훔쳐갔습니다.

도둑이야!

Au voleur!
오 보뢰흐

지갑 속에는 뭐가 있었습니까?

Qu'est-ce que vous aviez dans votre portefeuille?
깨 쓰 끄 부 자비에 덩 보트흐 뽀흐뜨푀이유

신용카드가 있었습니다.

J'avais ma carte de crédit.
자배 마 꺄흐뜨 드 크헤디

(카드를) 정지하셨습니까?

Avez-vous fait opposition?
아베 부 패 오뽀지씨옹

아니요, 아직요.

Non, pas encore.
농 빠 엉꼬흐

네, 즉시요.

Oui, tout de suite.

위 뚜 드 쒸이뜨

언제 어디서 일어났나요?

Ça s'est passé quand et où?

싸 쌔 빠쎄 껑 에 우

조금 전에 전철 안에서요.

Tout à l'heure dans le métro.

뚜 따 뢰흐 덩 르 메트호

도둑을 제게 묘사해 주실 수 있나요?

Pourriez-vous me décrire le voleur?

뿌히에 부 므 데크히흐 르 보뢰흐

그는 조금 컸고 안경을 썼습니다.

Il était un peu grand et il avait des lunettes.

일 에때 엥 쁘 그헝 에 일 아배 데 뤼넷뜨

'On m'a volé mon portefeuille. 제 지갑을 훔쳐갔습니다.'라는 문장에서의 on은 '우리'라는 뜻이 아닌 '누군가가'라는 뜻으로 쓰였습니다.

On a cambriolé une banque. 누군가가 은행을 털었습니다.

2. 물건을 잃어버렸을 때

주요표현

A : J'ai perdu mon sac.
쥐 빼흐뒤 몽 싹

B : Qu'est-ce qu'il y avait dans votre sac?
깨 쓰 낄 리 아배 덩 보트흐 싹

A : 가방을 잃어버렸습니다.

B : 가방 속에 뭐가 있었나요?

짐들이 안 보입니다.

Je ne trouve plus mes bagages.
쥬 느 트후브 쁠뤼 메 바가쥬

지갑을 잃어버렸습니다.

J'ai perdu mon portefeuille.
줴 빼흐뒤 몽 뽀흐뜨푀이유

여권이 안 보입니다.

Je ne vois plus mon passeport.
쥬 느 부와 쁠뤼 몽 빠쓰뽀흐

어디서 그것을 잃어버리셨나요?

Où l'avez-vous perdu?
우 라베 부 빼흐뒤

버스 안에 그것을 놓고 왔습니다.

Je l'ai laissé dans le bus.
쥬 래 래쎄 덩 르 뷔쓰

전혀 모르겠습니다.

Je ne sais pas du tout.
쥬 느 쌔 빠 뒤 뚜

잃어버린 물건은 어디로 신고해야 하나요?

Où puis-je déclarer les objets perdus?
우 쀠 쥬 데끌라헤 데 조브제 빼흐뒤

분실물센터가 어디에 있나요?

Où est le bureau des objets trouvés?
우 에 르 뷔호 데 조브제 트후베

경찰서는 어디에 있나요?

Où se trouve le commissariat de police?
우 쓰 트후브 르 꼬미싸히아 드 뽈리쓰

그것을 찾으시면 바로 연락 주시겠습니까?

Pourriez-vous m'appeler dès que vous l'aurez trouvé?
뿌히에 부 마쁠레 대 끄 부 로헤 트후베

연락처를 받을 수 있을까요?

Puis-je avoir vos coordonnées?
쀠 쥬 아부와흐 보 꼬오흐돈네

---

3. 사고를 당했을 때

주요표현

A : J'ai eu un accident de circulation.
쥐 위 엥 낙씨덩 드 씨흐뀌라씨옹

B : Appelez l'ambulance.
아쁠레 렁뷜렁쓰

A : 차 사고가 났습니다.

B : 구급차를 부르세요.

무슨 일이 있으신가요?

Qu'est-ce qui ne va pas?
깨 쓰 끼 느 바 빠

부인 괜찮으세요?

Ça va madame?
싸 바 마담

어떻게 도와드릴까요?

Comment puis-je vous aider?
꼬멍 쀠 쥬 부 재데

의료구급대와 연결하려면 15번을 누르세요.

Composez le 15 pour accéder au SAMU.
꽁뽀제 르 깽즈 뿌흐 악쎄데 오 싸뮈

경찰을 부르세요.

Appelez la police.
아쁠레 라 뽈리쓰

부상자들이 있나요?

Il y a des blessés?

일리야 데 블래쎄

다치셨나요?

Vous vous êtes fait mal?

부 부 재뜨 패 말

저희를 도와주실 분이 아무도 없나요?

Il n'y a personne qui peut nous aider?

일 니 아 뻬흐쏜 끼 쁘 누 재데

도와주세요.

Aidez-moi je vous en prie.

애데 무와 쥬 부 정 프히

이 아이가 피를 조금 흘립니다.

Cet enfant saigne un peu.

쌧 떵펑 쌔뉴 엥 쁘

이 여성은 의식이 없습니다.

Cette femme est inconsciente.

쌧 팜므 애 땡꽁씨엉뜨

숨을 깊게 천천히 쉬세요.

Respirez profondément et lentement.

해스삐헤 프호퐁데멍 에 렁뜨멍

관련단어

분실, 도난, 사고

accident	악씨덩	男 사고
accident de la circulation	악씨덩 드 라 씨흐뀔라씨옹	男 교통사고
voleur	보뢰흐	男 도둑
voler	볼레	훔치다
escroc	에쓰크호	男 사기꾼
kidnapper	끼드나뻬	유괴하다
menacer	므나쎄	협박하다
s'enfuir	썽퓌흐	도망가다
mentir	멍띠흐	거짓말하다
police	뽈리쓰	女 경찰
déclarer	데끌라헤	신고하다
objet perdu	오브재 뻬흐뒤	男 분실물
pièce d'identité	삐애쓰 디덩띠떼	女 신분증
passeport	빠쓰뽀흐	男 여권
attestation	아때쓰따씨옹	女 증명서
virement	비흐멍	男 송금
carte de crédit	까흐뜨 드 크헤디	女 신용카드
chèque	쉐끄	女 수표
ambulance	엉뷜렁쓰	女 구급차
sac à dos	싹까도	男 배낭
portefeuille	뽀흐뜨푀이유	男 지갑

부록

▶초심자를 위한 프랑스어 막사용 설명서

▶그림 단어

1. 객실
2. 화장실
3. 컴퓨터
4. 문구류
5. 가전제품
6. 주방
7. 승용차
8. 인체
9. 과일
10. 야채
11. 동물

초심자를 위한 프랑스어 막사용 설명서

프랑스에 가서 프랑스어를 못해도 최소한 다음 몇 마디만 알면 도움이 될 것입니다.

- **Bonjour!** 안녕하세요!
  봉쥬흐
- **Oui.** 예.
  위
- **Non.** 아니요.
  농
- **D'accord.** 좋아요. / 알겠어요.
  다꼬흐
- **Ça** 이것, 그것, 저것
  싸
- **Aidez-moi.** 도와주세요!
  애데 무와
- **Excusez-moi.** 실례합니다. / 죄송합니다.
  액쓰뀌제 무와
- **S'il vous plaît.** 부탁합니다.
  씰 부 쁠래

■ **Pardon?** 다시 한번 말씀해 주실래요?
빠흐동
*상대방의 말이 이해가 안 갈 때 쓰는 말로, 끝부분을 올려서 발음합니다.

■ **Merci.** 감사합니다.
매흐씨

■ **Où est ~ ?** ~은 어디에 있습니까?
우 애

■ **C'est combien?** ~은 얼마입니까?
쌔 꽁비앵

■ **Je suis désolé.** 미안합니다.
쥬 쒸이 데졸레
*여성이 말할 때에는 'Je suis désolée. 쥬 쒸이 데졸레'라고 합니다.

■ **Au revoir.** 안녕히 가세요! / 안녕히 계세요!
오 흐부와흐

■ **Salut.** 안녕!
쌀뤼
*만남의 인사 또는 헤어짐의 인사로 쓸 수 있습니다.

1. 객실

그림 단어

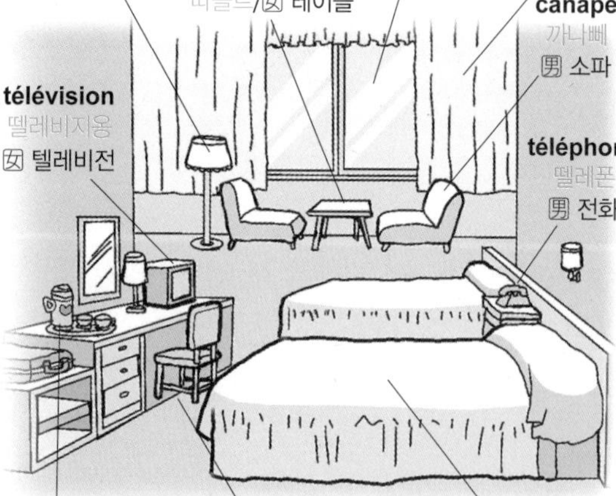

- **armoire** 아흐무와흐/女 옷장
- **cendrier** 썽드히에/男 재떨이
- **prise de courant** 프히즈 드 꾸헝/女 콘센트
- **lampe** 렁쁘/女 전등
- **couverture** 꾸배흐뛰흐/女 이불
- **oreiller** 오해이예/男 베개

2. 화장실

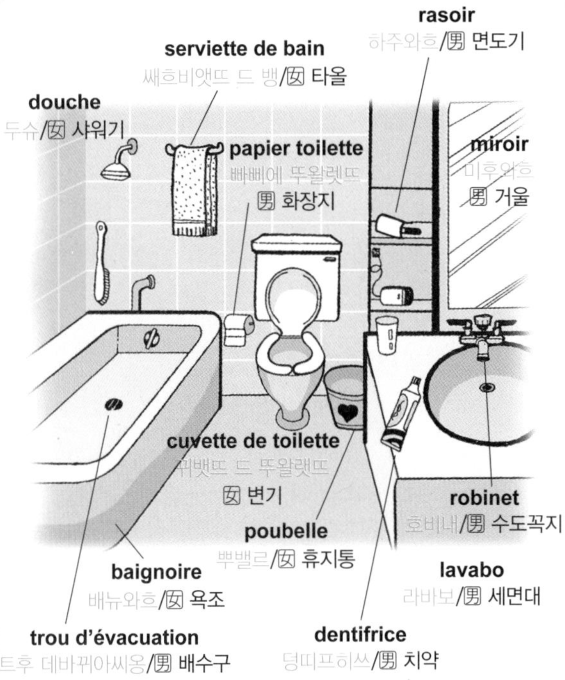

- **cuvette** 뀌뱃뜨/女 세숫대야
- **sèche-cheveux** 쌔슈 슈브/男 드라이기
- **savon** 싸봉/男 비누
- **shampoing** 셩뿌앵/男 샴푸
- **brosse à dents** 브호쓰 아 덩/女 칫솔
- **peigne** 빼뉴/男 빗
- **lotion** 로씨옹/女 로션

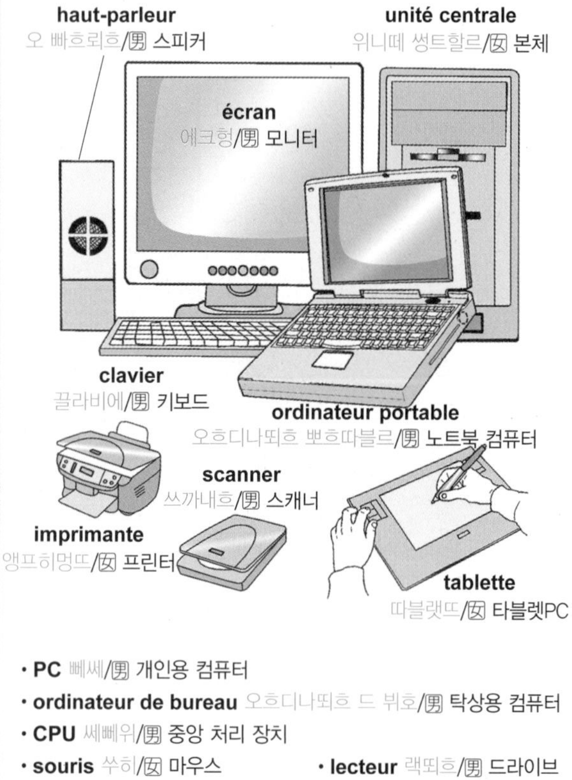

- **PC** 뻬쎄/男 개인용 컴퓨터
- **ordinateur de bureau** 오흐디나뙤흐 드 뷔호/男 탁상용 컴퓨터
- **CPU** 쎄뻬위/男 중앙 처리 장치
- **souris** 쑤히/女 마우스
- **lecteur** 랙뙤흐/男 드라이브
- **DVD** 데베데/男 디브이디
- **CD-ROM** 쎄데홈/男 시디롬
- **logiciel de traitement de texte**
  로지씨앨 드 트해뜨멍 드 땍쓰뜨/男 워드 프로세서
- **réseau** 헤조/男 네트워크

4. 문구류

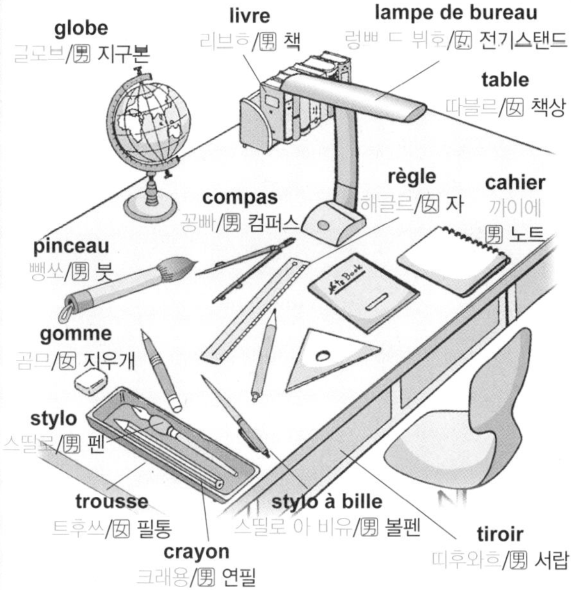

- **encre** 엉크흐/女 잉크
- **colle** 꼴르/女 풀
- **papier** 빠삐에/男 종이
- **cutter** 뀌떼흐/男 칼
- **surligneur** 쒸흐리뇌흐/男 형광펜
- **manuel scolaire** 마뉘앨 스꼴래흐/男 교과서
- **papier de couleur** 빠삐에 드 꾸뢰흐/男 색종이
- **agrafeuse** 아그하푀즈/女 스테이플러
- **stylo à plume** 스띨로 아 쁠륌므/男 만년필
- **porte mine** 뽀흐뜨 민느/男 샤프펜슬
- **crayon de couleur** 크해용 드 꾸뢰흐/男 색연필
- **étagère à livres** 에따재흐 아 리브흐/女 책꽂이

5. 가전제품

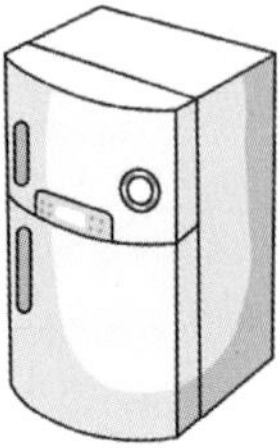

réfrigérateur
헤프히제하뙤흐/男 냉장고

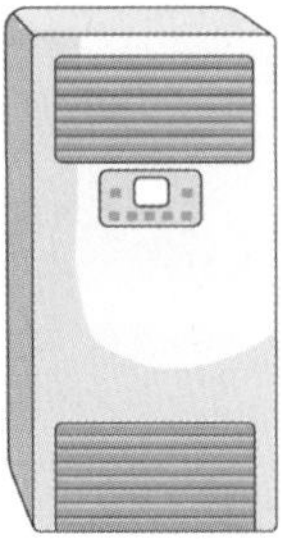

air conditionné
애흐 꽁디씨오네/男 에어컨

caméra
까메하/女 카메라

mixeur
믹쐬흐/男 믹서기

télévision
뗄레비지옹/女 텔레비전

ventilateur
벙띨라뙤흐/男 선풍기

lave-linge
라브 랭쥬/男 세탁기

- **aspirateur** 아스삐하뙤흐/男 진공청소기
- **purificateur d'air** 쀠히피까뙤흐 대흐/男 공기청정기
- **séche-cheveux** 쎄슈 슈브/男 드라이기
- **machine à café** 마쉰 아 까페/女 커피머신
- **grille-pain** 그히으 뺑/男 토스트기
- **four électrique** 푸흐 엘렉트힉/男 전기 오븐
- **sèche-linge** 쌔슈 랭쥬/男 의류 건조기

6. 주방

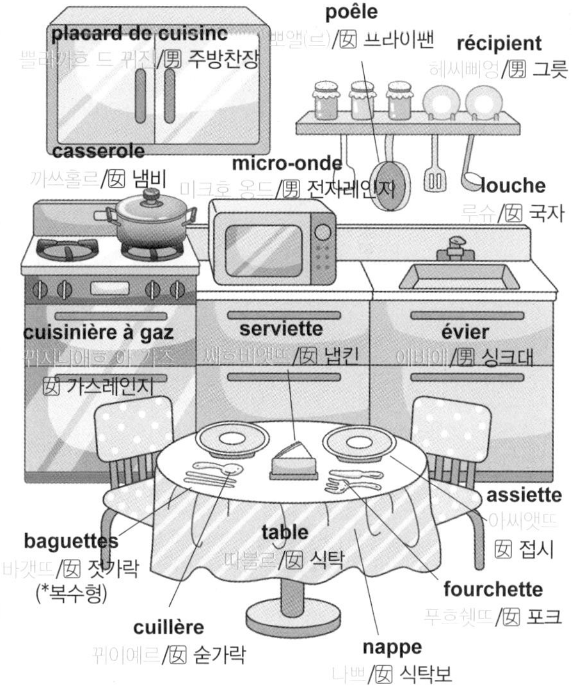

- **couteau** 꾸또/男 칼
- **lave-vaisselle** 라브 배쌜/男 식기세척기
- **four** 푸흐/男 오븐
- **purificateur d'eau** 쀠히피까뙤흐 도/男 정수기
- **planche à découper** 쁠렁슈 아 데꾸뻬/女 도마
- **plateau** 쁠라또/男 쟁반

7. 승용차

pare-brise 빠흐 브히즈/男 앞유리

capot 까뽀/男 보닛

rétroviseur extérieur 헤트호비죄흐 액쓰떼히외흐/男 백미러

volant 볼렁/男 핸들

pare-choc 빠흐 쇼끄/男 범퍼

phare 파흐/男 전조등

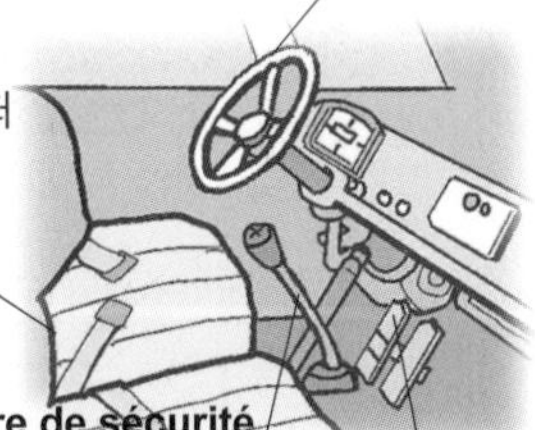

siège 씨애쥬/男 좌석

coffre 꼬프흐/男 트렁크(짐칸)

ceinture de sécurité 쌩뛰흐 드 쎄뀌히떼 女 안전띠

frein 프행/男 브레이크

frein à main 프행 아 맹/男 핸드브레이크

plaque d'immatriculation 쁠라끄 디마트히뀔라씨옹/女 번호판

pneu 쁘느/男 타이어

- **clignotant** 끌리뇨떵/男 방향 지시기(깜빡이)
- **essuie-glace** 애쒸이 글라쓰/男 와이퍼
- **levier de vitesse** 르비에 드 비때쓰/男 변속기어
- **embrayage** 엉브하아쥬/男 클러치
- **accélérateur** 악쌔레하뙤흐/男 가속기
- **klaxon** 끌락쏭/男 경적
- **airbag** 애흐바그/男 에어백

8. 인체

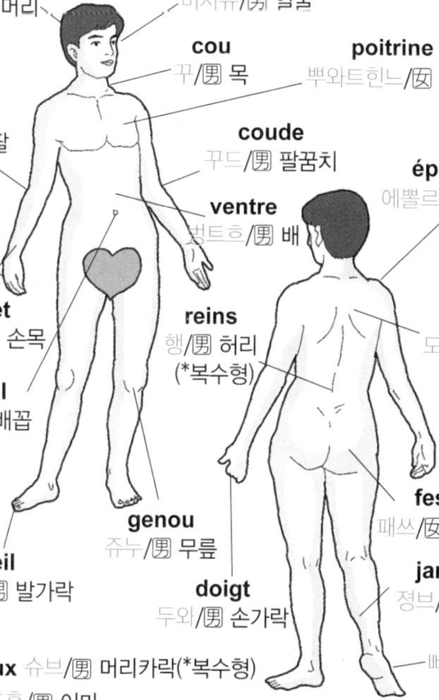

- **cheveux** 슈브/男 머리카락(*복수형)
- **front** 프홍/男 이마
- **sourcil** 쑤흐씰/男 눈썹
- **nez** 네/男 코
- **lèvre** 래브흐/女 입술
- **menton** 멍똥/男 턱
- **ongle** 옹글르/男 손톱
- **langue** 렁그/女 혀
- **gorge** 고흐쥬/女 목구멍
- **œil** 외이/男 눈
- **oreille** 오해이/女 귀
- **dent** 덩/女 이
- **barbe** 바흐브/女 턱수염
- **bouche** 부슈/女 입
- **moustache** 무스따슈/男 콧수염
- **cœur** 꾀흐/男 심장

fraise 프해즈/女 딸기

citron 씨트홍/男 레몬

kaki 까끼/男 감

raisin 해쟁/男 포도

orange 오헝쥬/女 오렌지

pêche 빼슈/女 복숭아

ananas 아나나/男 파인애플

pastèque 빠스때끄/女 수박

banane 바난느/女 바나나

melon 믈롱/男 멜론

poire 뿌와흐/男 배

pomme 뽐므/女 사과

- **abricot** 아브히꼬/男 살구
- **mangue** 멍그/女 망고
- **châtaine** 샤땐느/女 밤
- **prune** 프휜느/女 자두
- **noix** 누와/女 호두
- **arachide** 아하쉬드/女 땅콩

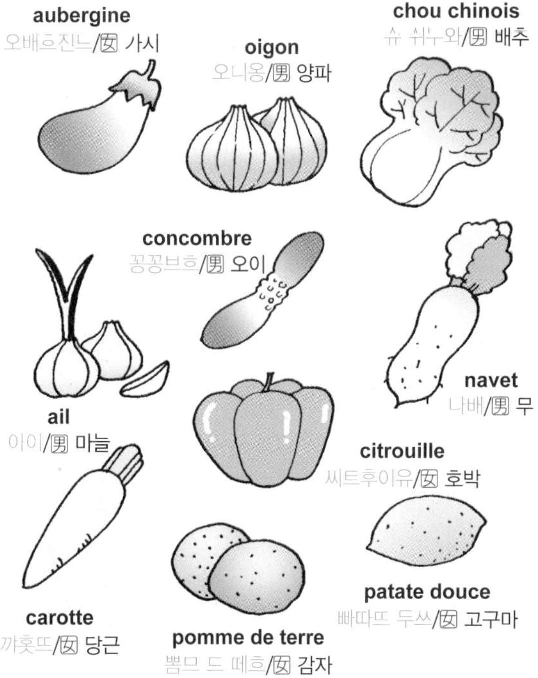

- **gingembre** 쟁졍브흐/男 생강
- **moutarde** 무따흐드/囡 겨자
- **germes de soja** 재흠므 드 쏘자/男 콩나물(*복수형)
- **chou** 슈/男 양배추
- **piment** 삐멍/男 고추
- **champignon** 셩삐뇽/男 버섯
- **salade** 쌀라드/囡 상추
- **poireau** 뿌와호/男 파
- **épinard** 에삐나흐/男 시금치

- **chat** 샤/男 고양이
- **éléphant** 엘레펑/男 코끼리
- **girafe** 지하프/女 기린
- **crocodile** 크호꼬딜/男 악어
- **hippotame** 이뽀뽀땀(므)/男 하마
- **aigle** 애글르/男 독수리
- **lion** 리옹/男 사자
- **chameau** 샤모/男 낙타
- **chèvre** 쉐브흐/女 염소
- **baleine** 바랜느/女 고래

■저자 **김별**

한국외국어대학교 프랑스어과 졸업
프랑스어 번역, 통역 프리랜서
종로 신중성어학원 부원장

■저서

혼자배우는 프랑스어첫걸음
프랑스어 일상회화사전

HandSumbook
통기초
프랑스어
생활**회화**

초판 1쇄 인쇄 2021년 3월 10일
초판 1쇄 발행 2021년 3월 15일

지은이 김별
발행인 박해성
편집인 김양섭 **기획마케팅** 박상훈, 이민희
발행처 **정진출판사** 02752 서울 성북구 화랑로 119-8
대표전화 (02) 917-9900
홈페이지 jeongjinpub.co.kr **이메일** jj1461@chol.com
출판등록 1989년 12월 20일 제 6-95호

ISBN 978-89-5700-165-3 *10760

• 이 도서의 국립중앙도서관 출판예정도서목록(CIP)은 서지정보유통지원시스템 홈페이지(http://seoji.nl.go.kr)와 국가자료공동목록시스템(http://www.nl.go.kr/kolisnet)에서 이용하실 수 있습니다.(CIP제어번호 : CIP2020043804)